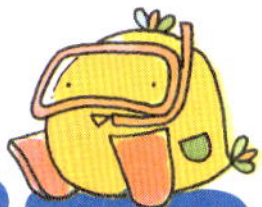

ちょこ旅 小笠原&伊豆諸島

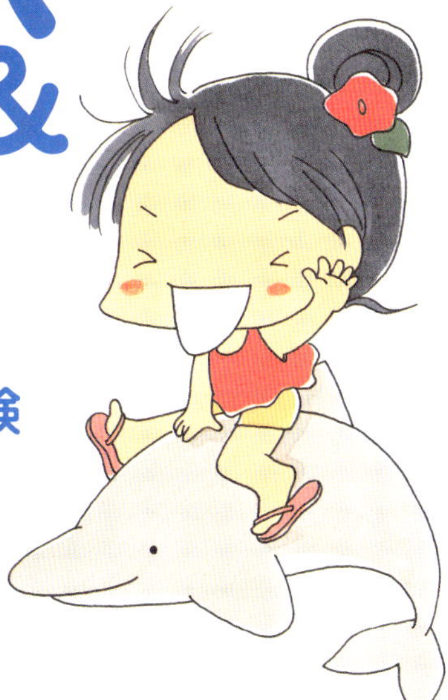

東京の島で ぷち冒険

松鳥むう

アスペクト

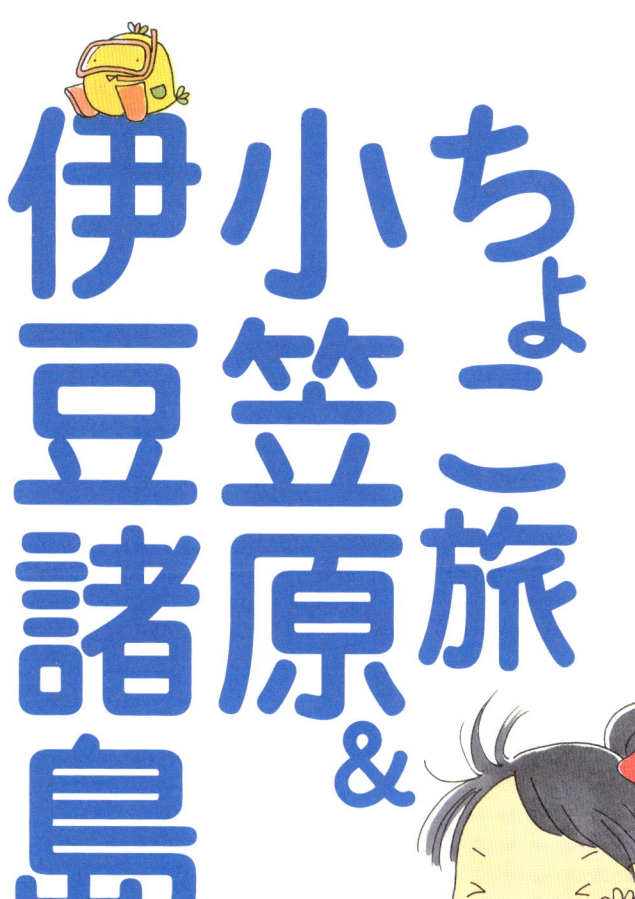

「週に1便ほどの船でしか行けなくて
しかも、片道25時間半もかかる島があるんだよ」

と、昔、礼文島(北海道)の宿で出会った
離島マニアの子が教えてくれた。

地球の裏側へも飛行機でスィ～ッと 行ける この時代に
そんな島が日本にあるなんて!!
あるイミ、海外よりも遠い日本。
それから、その島・小笠原諸島に ずっとずっと行きたくて…

と、同時に、竹芝桟橋(東京)から
夜行船でフラッと行けてしまう 伊豆諸島のコトも知った。

なんと!! どちらも **東京の島!!**

東京なのに、原生林の森や活火山があったり
海では、イルカやクジラに出逢えてしまう!!

物と情報があふれる街に 飽きたら
素朴な島々と、見たコトもない自然を感じに
ぷち冒険にでかけよう!!

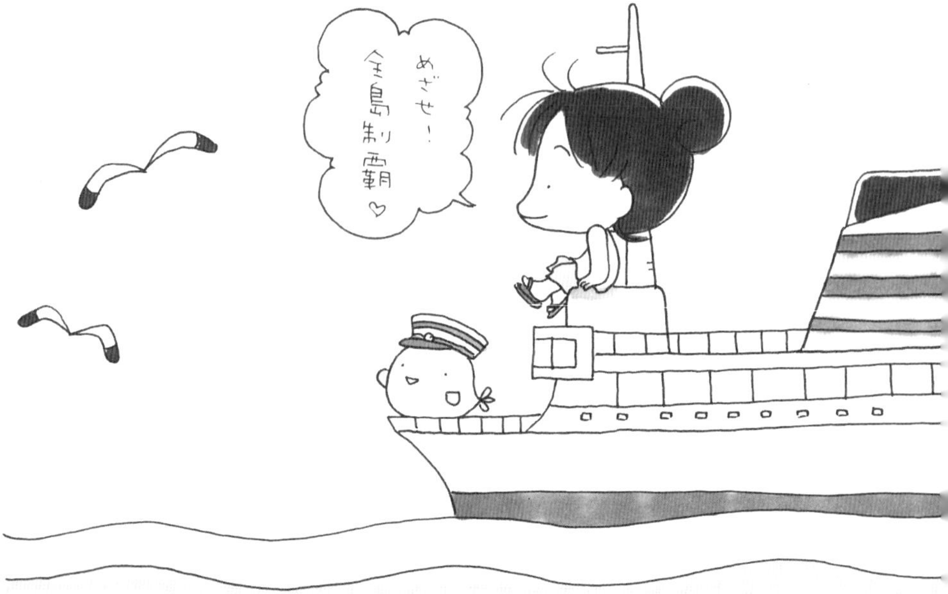

小笠原&伊豆諸島 全体MAP

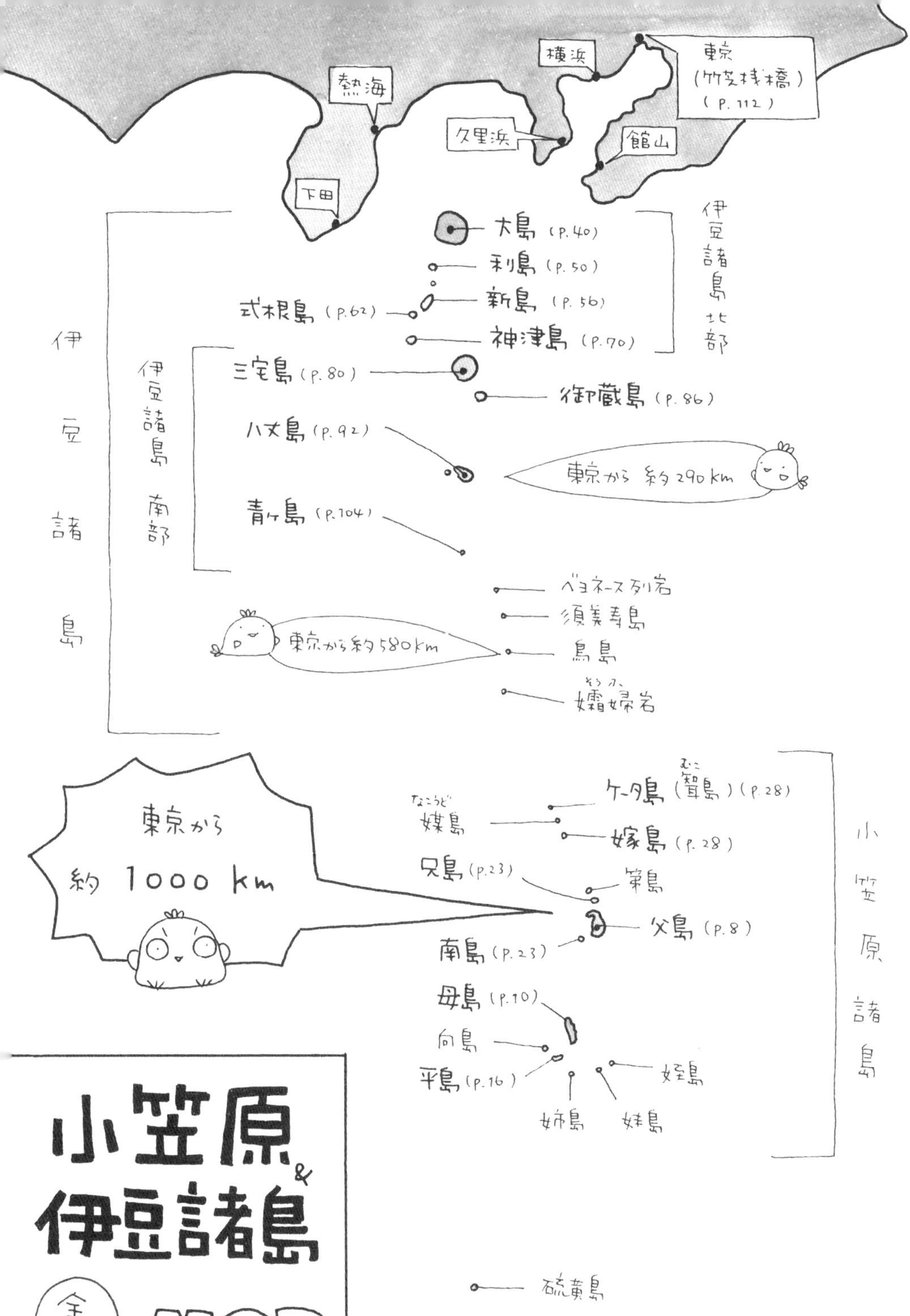

※ このページの縮尺は正確ではありません。

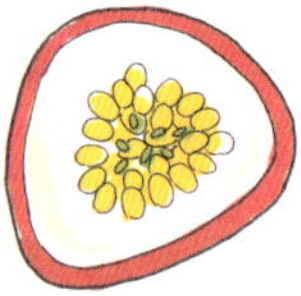

ちょこ旅 小笠原&伊豆諸島 もくじ

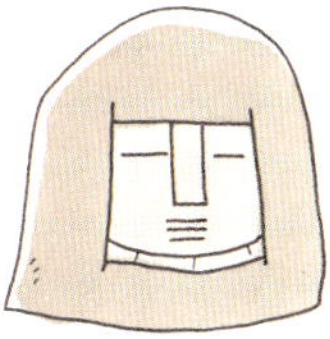
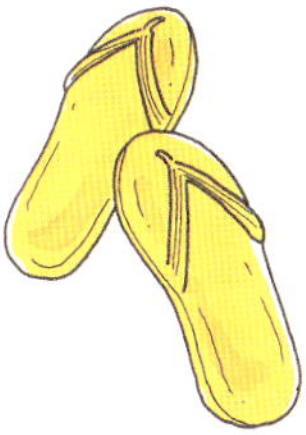
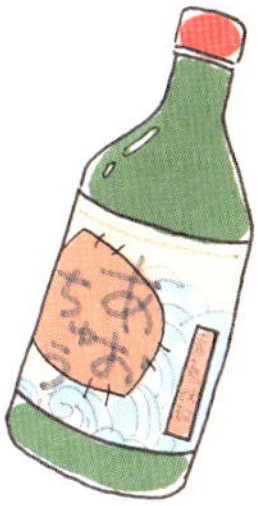

この本の、旅の仕方

各島で1泊2日～2泊3日（小笠原は二航海 ＊p118）のちょこ旅&ぷち冒険をしてきました。

島MAP

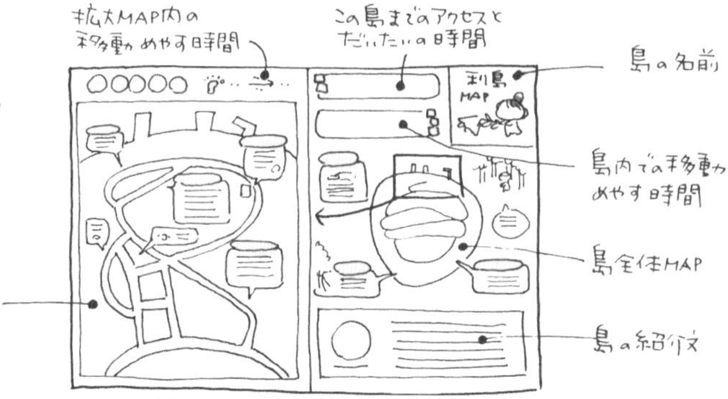
拡大MAP内の
移動めやす時間
この島までのアクセスと
だいたいの時間
島の名前
利島
MAP
島内での移動
めやす時間
島全体MAP
拡大MAP
島の紹介

特に表記のない限り、方位は「上＝北」です

島旅ルポ

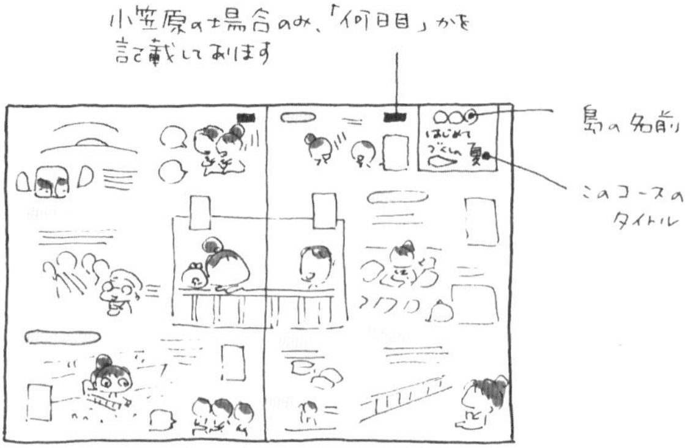
小笠原の場合のみ、「何日目」かを
記載しております
島の名前
はじめて
づくしの夏
このコースの
タイトル

- 情報はすべて、2010年2～6月現在のモノです。
  諸事情により、変更になっている場合があります。
- MAPは主な道のみの略図です。
  （ちなみに、エエエは遊歩道をあらわしています）
- 移動時間のめやすは、徒歩は時速約3km、自転車は
  時速約10kmで記載しています。
- 各お値段は税込みで記載しています。
- 入場料やツアー料金は、特に注意書きがなければ、
  大人1名料金です。
  （ツアーなどは、松島が参加したコースのみ記載しています）

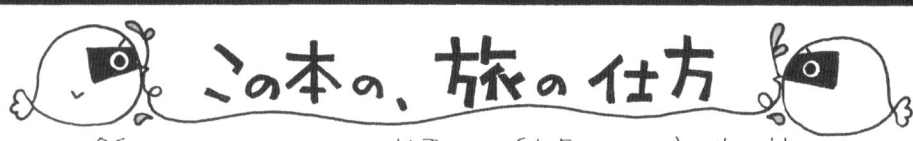

小笠原諸島へ。

父《ちち》島《じま》 MAP

島へ

竹芝桟橋 —おがさわら丸で 約25時間30分→ 父島（二見港）

島内で

車で

二見港 —（山廻り）約30分→ 小港海岸

二見港 —（海廻り）約20分→ 小港海岸

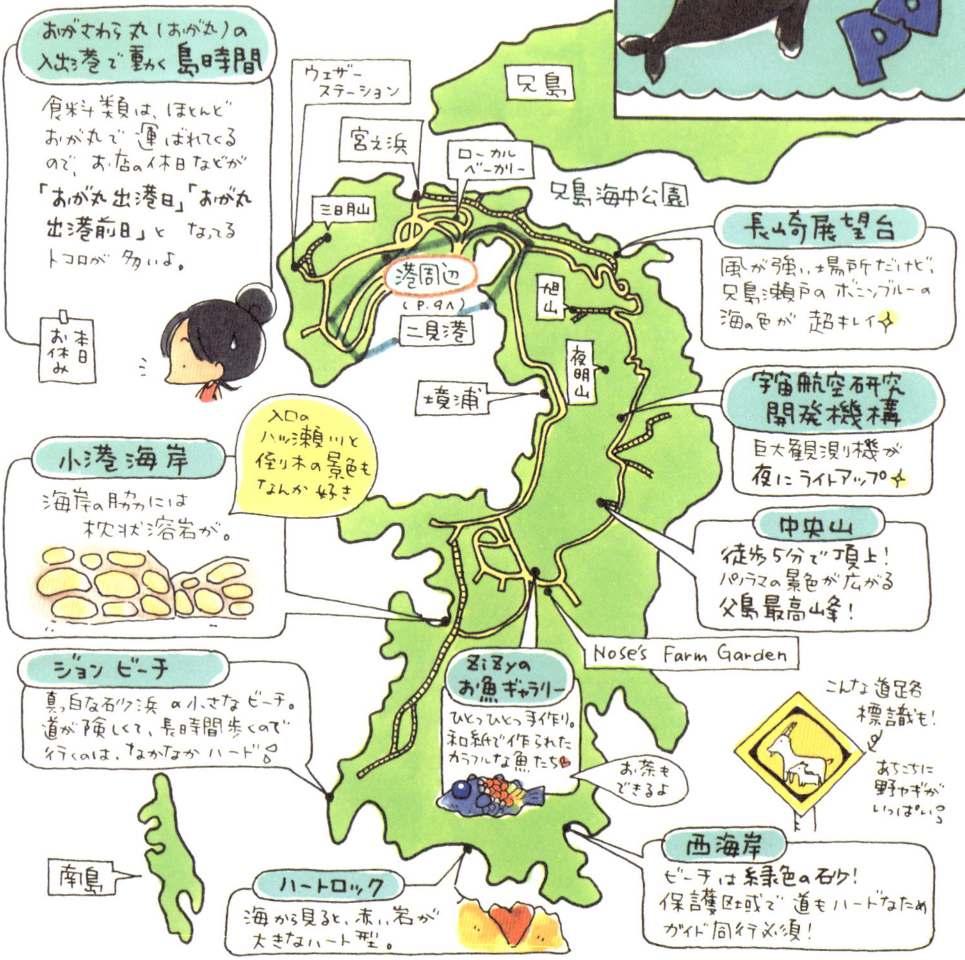

おがさわら丸（おが丸）の入出港で動く島時間
食料類は、ほとんどおが丸で運ばれてくるので、お店の休日などが「おが丸出港日」「おが丸出港前日」となってるトコロが多いよ。
本日お休み
兄島
兄島海中公園
ウェザーステーション
宮之浜
ローカルベーカリー
三日月山
港周辺（P.9へ）
二見港
旭山
夜明山
境浦
長崎展望台
風が強い場所だけど、兄島瀬戸のボニンブルーの海の色が超キレイ
宇宙航空研究開発機構
巨大観測機が夜にライトアップ
中央山
徒歩5分で頂上！パノラマの景色が広がる父島最高峰！
入口の八ッ瀬川と倒り木の景色もなんか好き
小港海岸
海岸の脇には枕状溶岩が。
Nose's Farm Garden
ジョン ビーチ
真っ白な砂浜の小さなビーチ。道が険しくて、長時間歩くので行くのは、なかなかハード。
ZiZyのお魚ギャラリー
ひとつひとつ手作り。和紙で作られたカラフルな魚たち
お茶もできるよ
こんな道路標識も！
あちこちに野ヤギがいっぱい。
南島
ハートロック
海から見ると、赤い岩が大きなハート型。
西海岸
ビーチは緑色の砂！保護区域で道もハードなためガイド同行必須！

22. 3. 10.
小笠原

小笠原郵便局の風景印

今の時代に、交通手段は「船」だけ!! しかも、船は週に約1便で、片道25時間半!! 海外よりも遠い日本（でも、東京都。車は品川ナンバー・笑）。一航海（p.118）だと島での時間は3泊4日。だけど、それじゃ、この楽園を充分に満喫できない（となりの母島にも行きたいし！）。だから、松島は二航海で行く（12日間ほど休まなきゃだけど…休む）ボニンブルー（「ボニン」は、小笠原諸島の英語名）と呼ばれる深く青い海で、ドルフィンスイムやホエールウォッチング、満天の星空にめずらしい動植物がいる森。そして、戦跡も…。

時間とか生命とか地球とか…感じるものがいっぱいの島でした

港周辺MAP

AQUA 徒歩で 約7分 → おが丸待合所

母島《ははじま》MAP

島へ

父島（二見港）　ははじま丸で　約2時間10分　→　母島（沖港）

島内で

北港　←　車で　約30分　沖港　車で　約10分　→　都道最南端

探照灯下砲台
砲台がキレイな形で残っている。処分するのがお金がかかるらしく、ずっとそのままにされているらしい。
ココはガジュマルもすごい
静沢の戦跡
森の中に、弾薬庫や砲台の跡がある。
東南京
絶壁で危ないけど、海の中の魚が上からも見つけられるほどの透明度♡（場所はヒミツ♡島の人に案内してもらってね）
すげー透明ー
すげー青くて
北港
北村小学校跡
東港
石門
東京都自然ガイド同伴必須（来島前に要予約）。10～2月は入林禁止。神秘的な森で登山道は片道6時間。
ユースホステル（P31）のオーナーは、石門のガイドをしていた方なので、お話を聞くのも良いかも☆
乳房山
ヤドカリ注意の標識
ちなみに…セミは、8月中は暑すぎて鳴かないらしい…。
ミーン
沖港
夕日スポット
集落MAPへ
都道最南端
干潮時に歩いて行ける
大潮の時がおススメ！
蓬莱島《ほうらいじま》
蓬莱根海岸《ほうらいねかいがん》
トーチカ跡
小富士手前の草材の奥にあり、けっこう広く、砲台も2台残っている。
南崎
小富士

父島から、船でさらに2時間ちょっと。二航海しないと、なかなかやってこられない母島。そのぶん、観光客も少なくて（島の人口も約450人と父島の約1/5）超のんびりできる島♡ 2010年3月現在、ドコモ以外のケータイはつながらず（ちなみに松島はau）。はじめは不安だったけど、そのうち、ケータイの存在も忘れてしまった。
電話もメールもないと、夜は特にとても長い気がする。
ほんの十数年前まで、それがあたり前の生活だったのに。
本当のぜいたくってこういうコトじゃないかなーと、思う。

鯨 母島
22.3.12.

母島簡易郵便局の風景印

集落MAP

アンナビーチ母島ユースホステル　徒歩で　約15分 → 乳房山入口（奥の方）

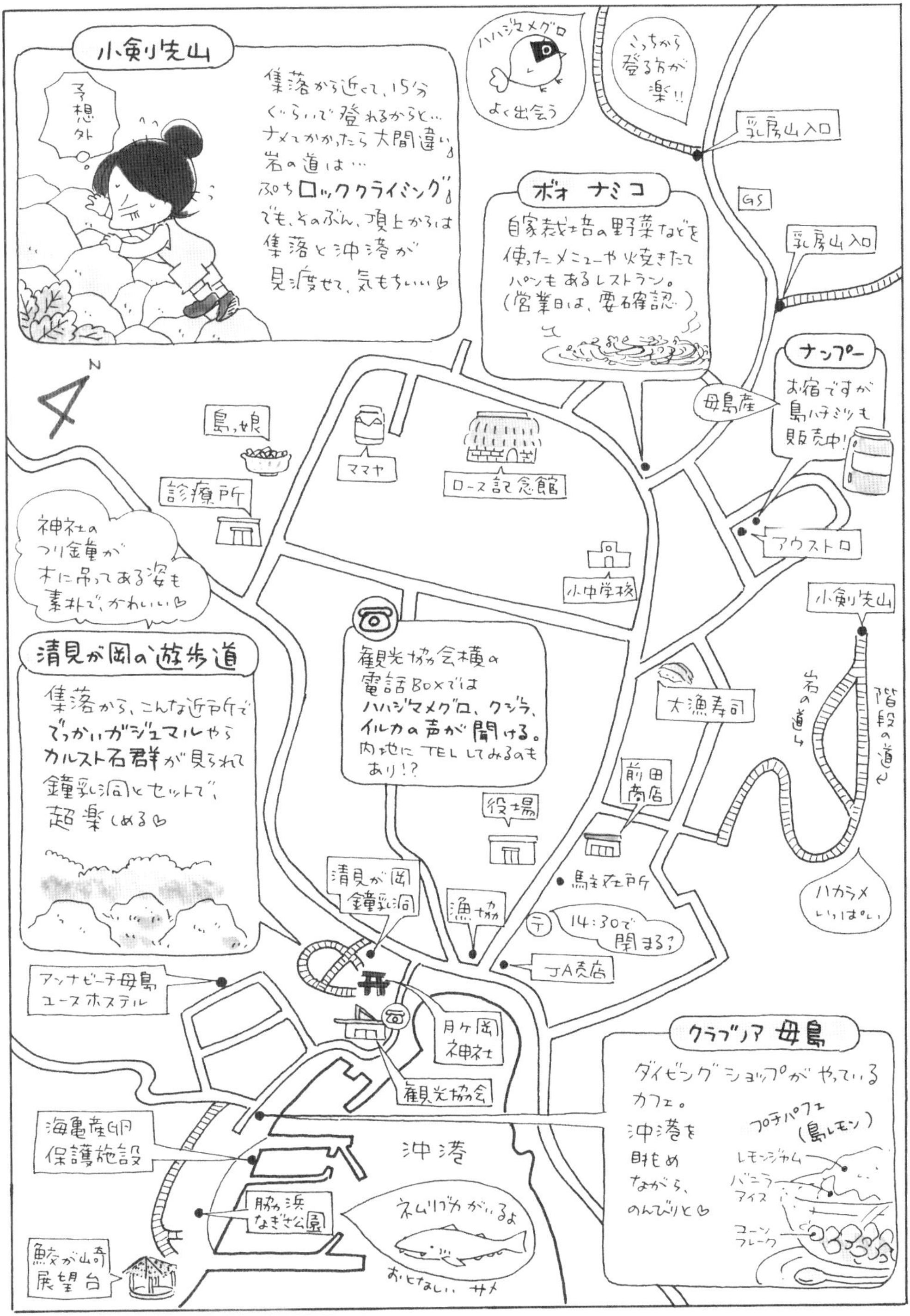

小剣先山
予想外
集落から近くて、15分ぐらいで登れるからと…ナメてかかったら大間違い。岩の道は…プチロッククライミング。でも、そのぶん、頂上からは集落と沖港が見渡せて、気もちいい♡
ハハジマメグロ
よく出会う
こっちから登る方が楽!!
乳房山入口
GS
乳房山入口
ボォ ナミコ
自家栽培の野菜などを使ったメニューや焼きたてパンもあるレストラン。（営業日は、要確認）
ナンプー
お宿ですが島ハチミツも販売中!
母島産
N
島っ娘
ママヤ
ロース記念館
診療所
神社のつり鐘が木に吊ってある姿も素朴で、かわいい♡
アウストロ
小中学校
小剣先山
岩の道
階段の道
大漁寿司
観光協会横の電話BOXではハハジマメグロ、クジラ、イルカの声が聞ける。内地にTELしてみるのもあり!?
清見が岡の遊歩道
集落から、こんな近所ででっかいガジュマルやらカルスト石群が見られて鍾乳洞とセットで、超楽しめる♡
前田商店
役場
駐在所
ハカラメいっぱい
清見が岡鍾乳洞
漁協
14:30で閉まる?
JA売店
アンナビーチ母島ユースホステル
月ケ岡神社
観光協会
クラブノア母島
ダイビングショップがやっているカフェ。沖港を眺めながら、のんびりと♡
プチパフェ（島レモン）
レモンジャム
バニラアイス
コーンフレーク
海亀産卵保護施設
沖港
脇浜なぎさ公園
ネムリブカがいるよ
おとなしいサメ
鮫ヶ崎展望台

小笠原 はじめてづくしの夏

9月下旬〜10月初旬

1日目

ナショナルランド

小笠原専門の旅行会社。
いろいろ相談にのってくれるよ♡
(P.118)

チケットを受け取って
いざ、乗船!!

竹芝桟橋

㊟シーズンオフ中のみのサービス

先着でレディースルームがあるので、乗船時に希望をするといいですよ
チケット
そりゃ便利♡

帰りのチケットの引き換え券も入っているので失くさないよーに!

おがさわら丸

(時刻表、料金はP.118)

片道25時間半の

小笠原の海の中見たら人生観変わるよー

←船内で出会った母島のリピーター・キョーコさん

レディースルーム

同額なのに!

ふつうの2等室よりも広々してる✧

うわさのゲロバケツ!!

→廊下にもゲロ袋がたんまり吊ってある。

船酔いが心配な人は必ず、乗船前に酔い止めを飲むべし✧

食堂

カレーに、ラーメン、パスタ、ステーキと メニューは豊富だが、ちと高い。

なつかしい味の焼きプリン
¥400
クロワッサン
¥190
バターロール ¥100

←船内で手作りのプリンとふんわりパン

シャワー

24時間利用OK(無料)

あったかーい
キレイ

ビーサン持参すると足場が気にならないよ

Bデッキ

夏は、ここの広〜い甲板で ずっと本読んでて気もちよかった♡

ココぞとばかりにぶ厚い本(笑)

2日目
ベタ凪(波もうねりもない海況)だったので夜は大爆睡!!
そして早朝は
あら、おたくも?
ハイもちろん!!
水平線からの日の出
ホントねー
海坊主みたい
全体が明るくなった後にポコッと頭を出す。それから、昇りきるまでは速い。
6時まで甲板に出られないので、おばちゃんとチルドレンルームの窓にへばりついて見た。
船旅のはじまり
ほんまですかー? でも、私、むっちゃカナヅチなんですよー。
船内見学ツアー
(前日に要予約 無料)
行きも帰りも、乗船した翌朝にやっている30分ほどの船内探険
機械室と操舵室が見学できる。
カメラ率高し
漫画キャラのようなおばちゃんもいた。
人物見学もおもろいです
父島(二見港)に到着
宿やツアーの迎えはもちろん、保育園のさんぽ、病院の人、役場の人などすごい人数のお出迎え!!
な…なんだ!?
スティールパンの演奏
この歓迎ぶりは!?
閑散期の平日なのに。
こんな島、初めて
スティールパン
ドラム缶から作られる中南米の楽器

はははじま丸（通称・はは丸）出港までの1時間
ハートロックカフェでランチ
あっさり白身
サメバーガー ¥500
すっと飲みやすい
ばんじゃくろ茶 ¥500
はは丸で
冬ははは丸に乗ってるだけでザトウクジラ見放題よ～
キョーコさん
すげらッ見てみたいです～
さらに2時間
ははじま丸
母島に到着
元看護師
やっと着いたー
下船時必須!!
パシャパシャ
外来種侵入防止用の海水をふくんだマット
看護師仲間の奈津子さん
いらっしゃい
勤務中なので白衣
母島では奈津子さん家にお泊まり。荷物を置いて、おさんぽへー
清見が岡鍾乳洞
沖港から、すぐのトコロにある小さな鍾乳洞。
うわーっ 巨大なアリの巣の中にいるみたい
アリの巣大好き♡
わくわくする～♡
カギとヘルメットは観光協会で借りる。(無料)
地上の植物の根っこが張りめぐらされている
乾燥した石灰岩
集落内ぐるぐる
観光協会
旬の果物をわけてもらえた♡
朝ごはん食べにいらっしゃい
島バナナ
細かいMAPもいろいろあるよ
パパイヤ
スターフルーツ
シャキッとしてりんごみたいな食感
輪切りにすると星の形
駐在所
兼レンタルビデオ屋!?
ビデオがぎっしり
＊今はビデオがすべてなくなってる。話のネタ的に、おもろかったのに、残念。

島のおうちごはん

「近所の漁師さんや農家さんからもらったのばっかりよ〜」
とのコトだけど……　豪華すぎ✧

四角マメの天ぷら
ぷりっ
イセエビの刺身
「マメ」だけど、中に「マメ」は
入ってない。天ぷらにした時の
サクッと感にハマリ…
この日以来、大好物になった♡

晩ごはんまでは
蓮くん(奈津子さんの息子)と
ウルトラマンごっこ
でぁー
フォフォ

フラダンスの発表会

母島の女の子や女性は、ほとんどが
フラダンスを習っているそうな。
観客も合わせると、島人ほとんど大集合!?
月の明かりと、フラの曲と、波の音…
遠くに来ちゃったな〜と、あらためて感じた瞬間。

食後は、みんなで
脇浜なぎさ公園へ

東京とは思えない
島の夜でした

おが丸 入港日の商店

18時前

商店は母島に3店。
(すべて、18時には閉店する)
おが丸入港日は、1週間ぶりに
食料品がそろうので、レジには
長蛇の列!!

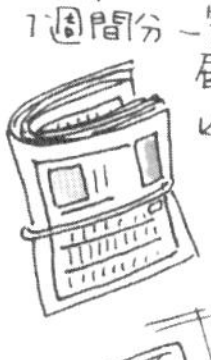
新聞も
1週間分一気に
届く

○○○パン

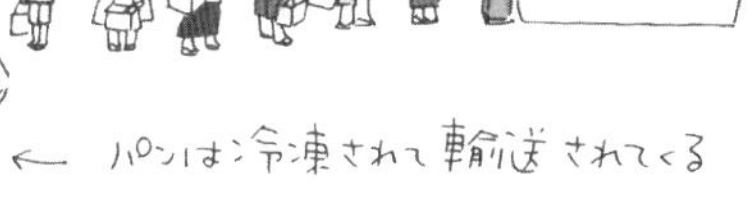

← パンは冷凍されて輸送されてくる

民宿 ママヤ

ママヤの
レモン
ジャム
(150g)

¥525

ママヤ
ママヤの手づくり
レモンジャ

さっぱりした
甘さで、
ヨーグルトや
アイスに
かけると
さわやかな
お味に♡

ママヤが経営している農園で採れた
島レモンを、たっぷり使用♡
毎日でも食べたいぐらい!!

3日目
奈津子さんの紹介で母島の青年会に混ぜてもらい無人島の平島（MAP P3）へ
純白ビーチ
漁師さんのMy漁船で母島から数分。
（たぶん、定員オーバーな気が。）
ギョサン
元は漁師さんのサンダル。磯や船の中で滑りにくく、脱げにくい優れもの。小笠原では老若男女問わず必須
小笠原のトマトはすっごい甘いよー
ユースのヘルパーして今はデイケアで働いてるよー
わー 内地とのギャップがすごそーやね
初赴任先が母島小学校なの―
へー
母島診療所の看護師みっちゃん
デイ・ケアスタッフのしっぽちゃん
小学校の先生のけーちゃん

4日目
朝のさんぽ時に発見したお店へ
昼頃、さんぽしてると…
昨日はどーもー 今からお昼なのー
どーもー
母島では、みんな、昼は自宅で食べる。先生も児童も看護師も…。なので、昼休みは1時間半あるんだって。
まざーりーふ
メインは島人対象なので、観光客は、場所を発見した人のみ！フットマッサージ（30分）￥1500～（完全予約制）。アドバイス付きで細かく身体の状態を教えてくれる♡ 近所だったら毎日、通いたいくらい♡
まざーりーふ
だんなさんお手製の小さなウッドハウス♡
うぎ〜
そこむっちゃ痛い〜ッ
腰がかなり悪いわよー
イス生活にするとか運動するとかしないと40、50代でツケがくるわよー
排泄もイマイチよくないわー
痛気もちいい〜♡
松島の好きな台湾式足ツボ♡

平島でBBQ

太陽の光で、真っ白い砂浜と青い海がキラキラとまぶしい♡ そして、みんなの瞳もキラキラしてる。
メンバーは、役場の職員や小中学校の先生、宿のヘルパーさん、呑み屋のバイトの子…etc.
島の生活や仕事の話、たいへんそうだけど、なんだかうらやましかった。だって、すごく楽しそうに話してくれるから☆

焼けたよー

BBQは、すべて男性陣が作ってくれる♡
なんて気が利く島人たち!!（笑）

小中学校の英語講師（カナダ出身）→

こっちよー

一気に島の知り合いが増えた1日でした

どこまでも見える!? 超透きとおった海
ギョサンのまんま

島っ娘

鉄板焼き＆居酒屋さん。
大盛りのお好み焼き、
島っ娘天や、もつ炒め…
なんでもおいしいけど、
1番はコレ!!

うめー!♡
サクッと香ばしくていくらでも食べられる軽さ♡
蓮くん
ボクも大好きー
ポテトフライ
¥660
どんぶりに入って出てくる

夜は奈津子さんご一家と

静沢の夕日

沖港から徒歩20分ぐらい。
景色が海に向けて開ける
場所で夕日スポットのひとつ。
日没1時間前から
スタンバって眺めてた。

やっぱ夕日にはワインよね!
ペットボトル 中味はワイン
さんぽに来た島の人

乳房山

5日目

集落からすぐで1周4時間ほど。「余裕やわ〜」と、行ってみたら・・・けっこう登りが続いてハードだった。けど、それ以上に**すごい自然に出会える山**♡（時計回りの方が楽！）

朝から山登り。

沖縄でみたガジュマルより、**かなり巨大!!** ものすごい**生命力**を感じる。島の人にとっては「ふつう」らしく、私の感激具合を不思議がられた〜。

大漁寿司

島のお寿司屋さん。**島寿司**は、サワラなどの旬の白身魚をしょう油、酒、みりんに漬け込んだものをネタにする。伊豆諸島より味付けはうす味でさっぱり♡

そのまま昼ごはんへ

下りは絶景の尾根道が♡

小笠原太鼓の練習
夜は、奈津子さんの小笠原太鼓の練習についていった
下町育ちだから太鼓は燃えるわー
ドンドコドン
ドンドンドコドン
運動不足で腕が……
ヒィーーハ
ルーツは、八丈島の八丈太鼓。
手首は力を入れず、バチの反動で動かすらしいが…どうしても、力が入ってしまった。
さらに、楽譜があるわけではなく、お互いたたきながら合わすらしい…音感のない松島には神業？
その夜
下の方に台風ができてるのよね。コレ、けっこう大きくて小笠原直撃かも
波の影響ではは丸もすぐ欠航するかも
おが丸も出港日が早まったりするし…
昔、おが丸着いてすぐに台風が来てそのまま折り返したコトあるのよ～お客さんのクレームすごかったらしいよ～
ぞ
←PC
むらさん明日、父島に戻ったちがいいかも…
へ？
MEMO
小笠原の人はTVの天気予報はほとんど、あてにしてません――。
台風は小笠原近くの海上で誕生するので、TVの天気予報で台風情報が流れている頃は 直撃中だったりする。
さらに、天気図では、予報士がジャマで天気予報のイミなし。
この人の後ろあたりが小笠原
6日目
…と、いうわけで
ザトウの時期にまた来ます―
バイバーイ
父島へ
沖に出たとたん波を頭からもろかぶり
甲板

お宿　シーサイド イン　AQUA　¥7350（1泊2食付）

7日目

天気のいい日は、2Fのベランダで、山から昇る朝日や、白い砂浜とブルーのグラデーションがまぶしすぎる大村海岸（通称・前浜）を眺められる。

気もちいい！♡

まるっこくてかわいい本館

海風もここちよすぎ。毎朝、早起きしたくなる宿。

ほんわかしたオーナーご夫妻にも和む～♡

台風なので宿で1日おとなしくすごした

デーん
ヒマ。

朝ごはんのみそ汁の「みそ」は手作り。ほんのり甘めでやさしい味♡

ローカルベーカリー

8日目

母島の奈津子さんにも、旅仲間にも「うまい✧」と、聞いていた「山の上のパン屋さん」。住宅街の中にあるので、島人御用達って感じ。調理パンの種類がいっぱい＆でかくて

超しあわせ～♡♡

朝、山の上へ

フルーツパン
¥380
FANになった♡♡
ドライフルーツたっぷりのBIGパン♡

パッション＆オレンジ
¥150

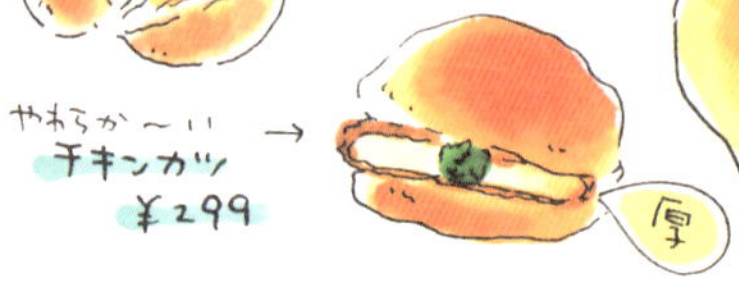

やわらか～い
チキンカツ
¥299
厚

B-しっぷ（観光協会）

ちょっと…チャレンジ!?

午後、何しよう？

旅仲間のガビ姉さん
小笠原のイルカは言葉が通じる!! 一緒に泳ぐべし!!
人生観変わるわよ～
キョーコさん
あのーシュノーケルをマンツーマンで教えてくれるトコってありますか？
おひとりでシュノーケル初こらいんですけどマンツーで、大丈夫ですか？
SHOP
OKですよ～
STAFFさん

シュノーケリング講習

(たびんちゅ 半日 ¥5000)

3点セット
シュノーケル →
フィン ↓
マスク ↑
くもり止めはしっかりと

松島、初シュノーケル!! と、いうか…
生まれて初めて海に 顔つけた。
ボニンブルーの海を眺めていたら、キョーコさんや旅仲間のガビ姉さんの言うコトを確かめたくなったから!

ウェットスーツ
ヒィ〜〜ッ 海水しょっぱすぎ
力抜いて〜
ウェットスーツを着ていれば浮くから大丈夫!!
ヨッシーさん

ヨッシーさんの得意技
バブルリングくぐり
口から吐いた息がリング形の泡に
スイ〜。
すげえ! ステキや! できるよーになりたい!!

しかし、ひたすら口の周りがしょっぱいだけで、終わってしまった…。浮かんでるだけで精一杯。

ウェザーステーション

日中は、ボニンブルーの海が見渡せて、ウッドデッキでお昼寝が気もちいい場所♡ 日の入りが近づくにつれて、どこからともなく人が集まってくる夕日スポットでもある。今回は少ししか見れなかったけど、日没後、雲がピンクに染まるとか♡ と——っても ステキそう♡♡

その後、夕日を観に…

小笠原4回目〜 明日から島で働くの♡
へ〜 すげー!
たまたま出会ったちえちゃんと、明日、呑む約束をしました♡

父島周辺1日コース

(PAPAYAマリンスポーツ ¥8000〜)

9日目

どのSHOPも、おが丸入出港日は半日ツアー、それ以外の日は1日ツアーで、ツアー内容はSHOPごとに決まってる。自分がやりたいコトと合わせてSHOPを選ぼう!

お客さんはこっちに乗る
PAPAYA
ミス・パパヤ
PAPAYA
「ミス・パパヤ」と「マンボウ」の2杯でイルカとクジラを探して行きます
マンボウ ←イルカ、クジラ探し専門

とりあえず他のお客さんに
溺れたら助けて下さい
こと、カナヅチ具合をアピール♪

田中船長

釣り好きが高じて、29歳で父島に移住。「THE 海の男」って感じでとても60代とは思えない! かっこいい♡ 移動中も、小笠原の地形、歴史、動植物のコトなどを軽快に説明してくれるので、ツアー中、飽きるコトがない♫

ドルフィン スイム

イルカを発見して、船長のGOサインが出たら、順に海に入るのだけれど…カナヅチ&シュノーケル初心者(昨日、習いたて♪)には、超難関!!

みんな、軽やか!!
ヒョイ

浮かんでるだけ。
あそこにいるよー
水中で見れて感激!!

オドオドしてたら
この後またイルカに会えるかわからないから
今、一緒に入りましょー
STAFFのあいちゃん

あいちゃん、感謝♡♡

この後、2回も一緒に入ってもらった。

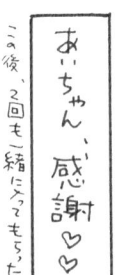

と、そこに「マンボウ」から連絡が!!

兄島海中公園

兄島瀬戸は潮の流れが速いので、カナヅチ組は、ライフジャケット着用＋船からのロープをにぎって入った。

ココは魚の楽園!!
餌付けすると、自分の周りに、魚がウジャウジャと大集合—?

マッコウクジラ・ウォッチング

マッコウクジラは、父島の沖合いに年中いる。派手なアクションはしないクジラ。

＼親子が2組／

一気に4頭もッ☆

（＊小笠原ルール▶ マッコウクジラから50m以内には船の方から近づかないと、決められている。）

南島に上陸

（11月頃〜翌年1月末頃までは入島禁止）

「天国に1番近い島」には行ったコトないけど、南島もきっと近いと思う☆ ターコイズブルーの扇池と、真っ白い砂浜には、ヒロベソカタマイマイの化石が点々と…。

この日は夕方近くに上陸。オレンジ色の日の光が岩や水面に反射して、セピア色の世界に♡♡

東京都認定自然ガイドのたかこさん

＼貴重な組合せ発見!／

ムーン・ウォッチング!?

（たびんちゅ ¥4000）

車に乗って、真っ暗な道を　どんどんどんどん　進んでいって、着いたトコロは
電気も建物も何もない丘の上!?
目の前には　月明かりに照らされた海と、月の道が♡

すごく明るい…
月って…
ウクレレの音も気もちよい♡
ヨッシーさんの奥さんみなちゃん

夜は再び「たびんちゅ」の車に乗って…

宇宙へおつれしまーす
たびんちゅ

帰り道で発見!!

ちっちゃいな〜

グリーンペペ

エメラルドグリーンに光るキノコ（夜光茸）。しめじ大。
夏の雨上がりの２〜３日後など湿ったトコロで見られる。

亀の煮込み

某店にて、小笠原名物（!?）のアオウミガメの煮込みをオーダーしてみたが…
見た目でアウトでした。

青緑光り
作る人によって味が全然ちがうのよね
モツ好きの方にはよいかも

晩ごはんは、ちえちゃんと

あかん!! グロイ 食べれへん。
ふだんからモツ系苦手。

小笠原海洋センター

（入場無料）

（通称　亀センター）

エサやりができる（¥100）。

松島がエサをあげた子（＝カメ）はなかなかおもしろく…

ウミガメいろいろ

エサやりをやめると…

オラァ〜 もっとよこさんかーい 腹減っとんのじゃワレ〜
バシャ
バシャ
ヒィ〜 おもろかわええ

水槽から出てきそうな勢いでウケた。

大神山神社・パノラマ展望台

10日目

神社の奥へどんどん登っていくと、二見港が一望できる場所についた。
途中、壕の跡やタコノキ林(!?)もあり、町からすぐで見どころ山盛り♡

朝から神社へ

うひゃー!♡

ハカラメ

(セイロンベンケイソウ)

葉のくぼみから芽が生えてくるので、
「葉から芽」→「ハカラメ」。

流しの三角コーナー用白ネット
赤リボン
と
育て方

ビジターセンターでもらった「育て方」のペーパーと一緒に入れて手作りのお土産に♡

放っとくだけで芽が出る
その辺に生えてる

お土産も少々♡

絶対、今度、ザトウ見に島へ帰ってくるで
お見送り飛び込み(P.35)もやりたいし♡
ぐっ

14時。おがさわら丸の出港時刻

*船内の様子はP.36へ

むふ♡

鈍いカメタタし!?

そりゃサメにも食われるわあんた。
数んそばなのに視界に入らないと気づかない。
危機感ゼロ
ツアー船

水面で休み中。ツアー船にまったく気づかず。

ウミガメ漁

3～4月が漁の時期。漁のポイントは
交尾中を狙うと、良いのだそーな。

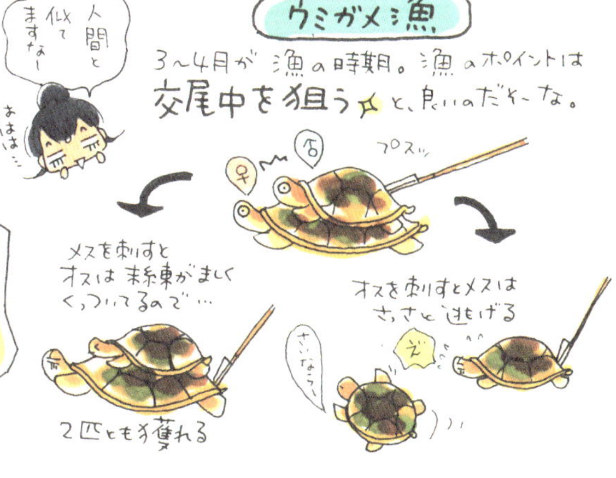
人間と似てますなー
ははは…
♀
♂
ブスッ
メスを刺すとオスは結束がまじくくっついてるので…
2匹とも獲れる
オスを刺すとメスはさっさと逃げる
さいなら～
え

小笠原 再びの春

3月中旬

1日目

ザトウクジラに会いに 再び小笠原へ!!

…と、いうわけで

2日目

早速♡

くぅ～っ♡ ローカルベーカリーのフルーツパンはやっぱ美味♡

晩ごはんは亀刺身にチャレンジ☆

丸丈

島ものが食べられるお寿司&居酒屋さん。亀刺身は、亀煮こみとちがって、すご～く食べやすい♡♡ こぢんまりとした店内で、大将や他のお客さんとの会話も楽しい。

3日目

Nose's Farm Garden

ドライブ中、かわいい看板に目が止まり、降りてみたら…コーヒー、マンゴー、パッションを家族で栽培している農園だった。「コーヒーのドリンクはできません。豆販売(ご予約)のみとなります」という案内が。その場で予約して(本当は事前予約必須)、娘さんが豆を焙煎してくれる間、お父さんが農園を案内してくれる♪ 植物や家族のコトを、とっても愛おしく語ってくれる姿がステキ♡

レンタカーで島1周へ

コーヒー(焙煎豆)50g ¥705。 要予約

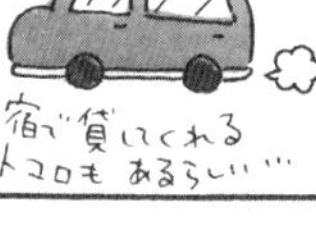

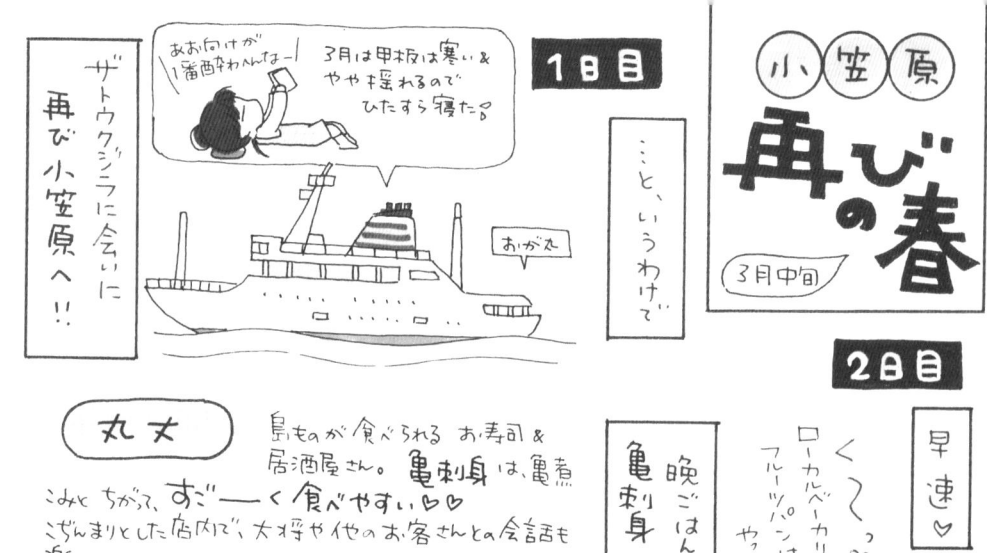

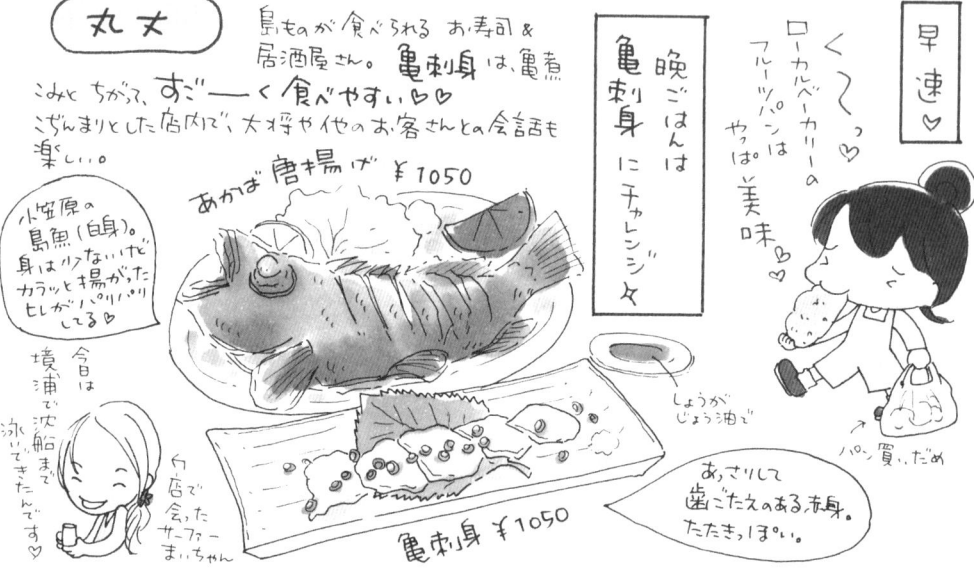

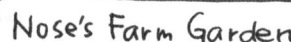

境浦の沈船

昨晩、話を聞いて、おもろそうだから
来てみた。沈船は台風などの
影響で 月日とともにくちはてて
水面上には 少ししか見えないけど、
水中では 魚の住み家になってる。
のんびりシュノーケルに ちょうどいい♡

戦時中、フィリピンと父島近海で
銃撃を受けて ココに座礁した
輸送船「濱江丸」

あちこちの展望台にも
寄りつつ
シメはココで✧

昨日買った
ローカルベーカリーの
島トマト
サンドを
ランチに♡

ウエットスーツと3点は
PAPAYA（p.22）で
レンタルした
注
サビで
ケガしないように
うを↑
ネムリブカ♡
（人を食わないサメ）
ラッキー♡

この日は
新月!!

超報告会
前回は満月だったんで
今回は新月ねらって
来ました～♡
シュノーケルも
上達しましたよ～
あ！
思い出した！
むぅさんだ～
＊『島へ。』の記事
見ましたよ～
＊松島の連載ページもある
日本唯一の「島雑誌」

夜は「たびんちゅ」の
スター・ウォッチングへ

スター・ウォッチング （たびんちゅ ¥4000）

松島、星座は さっぱりわかんない（笑）。でも、ヨッシーさんの ほんわかした声のトーンで
星の物語を聴きながら 満天の星を眺めるのは、とっても気もちがいい♡
日本では めったに見られない カノープス（全天で2番目に明るい星）も見られて 超ラッキー✧

今日は
カノープスが
見えてるな～
お！っ
土星が
たてに
向いてる～
ヤモリの
鳴き声→
チッ
チッ
チッ…
巨大望遠鏡↗

今度は、5月に南十字星も見に来たいなー。
小笠原からは、南十字星の星が4つとも見えるそうな♡

ケータ島(聟島《むこじま》) 1日ツアー

(PAPAYAマリンスポーツ ¥10000～)

4日目

父島から、ミス・パパヤ (P.22)で約2時間北上したトコロにある無人島。夏の方が波が穏やかでよいのだけれど、この時期はザトウクジラも見られるので、わくわくしながら参加!!

この日はちょっと遠くの無人島まで

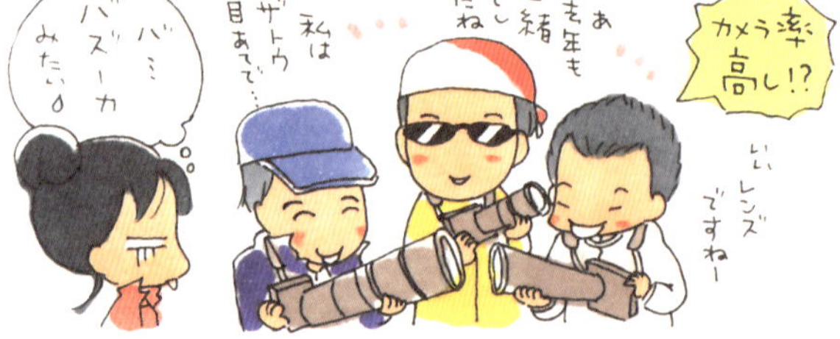
バミ
バズーカみたい♪
私はザトウ目あてで…
あ去年も一緒でしたね
カメラ率高し!?
いいレンズですねー

出発から1時間30分。ケータ列島目前で

突然のブリーチング!

おわっ!!
ザパーン

あまりにも突然すぎて、田中船長もビックリ!! バズーカカメラ軍団も、誰ひとりとして写真におさめられず(笑)。
突然、船が近づいてきたから「ココにいるぞー」アピールのブリーチングかも～。まるで、かけじくの昇り鯉のようだった♥

ドルフィンスイム@嫁島

嫁島と前島の間は、イルカのお休み処。
午前中なので親子そろってお眠り中～。
動きがスロ～。
(遊んではくれない♪)

イルカは片脳ずつ眠る
ひゃ～っ近い♥
素潜りできひんから眠ってる時の方がゆっくり見れてうれしー♥

海の中は、どこまでも透明でどこまでもボニンブルーの世界。
吸い込まれそうなほど神秘的。

ケータ島

太平洋戦争が激しくなるまでは、人が住んでいて、戦時中に食用としてヤギが持ち込まれた。その後、無人島になり、ヤギが野性化して植物を食い荒らしていた。それも駆除され（← なんだか人間の都合でかわいそうな気もするけど♪）緑が戻りつつある無人島。
今は、コアホウドリやクロアシアホウドリ（共に絶滅危惧種）の繁殖地にもなっている。

すごい数の
磯マグロがいる
マグロ穴は
波が激しくて入れず♪

コアホウドリの求愛ダンス

船から目撃✧
互いにおじぎしまくり！（笑）
なんと!! アホウドリは、
一夫一妻で、一生添いとげる
そうな♡ 見習え！人間！（笑）

帰り道も♥

自然満喫の1日でした

5日目

早朝のはは丸で母島へ

荷物を置いて早めのランチへ

今回、母島で泊まる
アンナビーチ母島
ユースホステル
高台にあるレモン色の建物。
海も見えて、海風が
超気もちいい〜✿

アウストロ

民宿ナンプー併設の
ウッドハウスのレストラン。
ボリュームたっぷり♡
（特に、とり唐揚げ定食!!）
パンは**自家製**のふんわりパン。
母島には、パン屋がないので
貴重！**自家製ハチミツ**は
民宿ナンプーで購入できる。
（¥1800）

夜は奈津子さん（P.14）ご一家とごはん

6日目

小富士&南崎

アップダウンが少なくて、木陰の道が多いから、のんびりハイキング気分。海の中に入るのもいいけど、こうやって伸びしながら眺めるのも大好き♡
ほんとに、**同じ東京とは思えない**――ッ♡

広い広いボニンブルーの海♡

車で都道最南端へ。そこから、歩いて1時間ほど

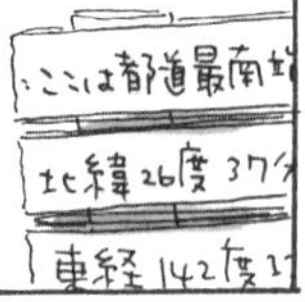

北村小学校跡

戦前は島の北部にも村があった。昔は、大きなガジュマルの下に家や建物を建てていたとか。なので、小学校跡も**でかガジュマル**に覆われまくり!! 今にも動き出しそうなガジュマルたち。神秘的だけど、ちょっと怖かったり…。

午後は、北側へ……

お宿 アンナビーチ 母島ユースホステル ¥5920(1泊2食付)

非会員

アットホームなユース。家族もお客さんも、一緒に晩ごはん。

基本、男女別相部屋。利用に年齢制限なし。

「ユースホステル」って!?

日本全国のみならず、世界中にある会員制の安宿。非会員でも、¥600/泊ほどの追加料金で泊まれる。

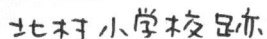

のんびりしてる
母島が
松島は好きだな♡

7日目

短い滞在
だったけど

ははじま丸（ホエールライナー）

（時刻表、料金は P.118）

ははじま丸（はは丸）は、別名「ホエール ライナー」。ザトウクジラのシーズンは乗船中にザトウに出くわすコト多し♡

港を出てすぐ

ちょっと遠かったけど

ペックスラップ

胸ビレで海面をたたく行動。両方でたたくのはあんまり見られないのでラッキー♡
まるで「バイバーイ」と言ってくれてるみたい♡

水中の様子

ブリーチング（ブリーチ）

全身もしくは、体の$\frac{2}{3}$以上飛びだしてのジャンプ。
この日は、**ブリーチング祭り**♡
1頭が連続20回ぐらい飛びまくってたー♡

子クジラがすると小さくて、さらにかわいい…♡

出港時、奈津子さん一家にもらった、あま〜い**島トマト**を周りの人と食べながら、**ホエールウォッチング**。「あ！いた！」「ブロウ発見！」…と、同じ宿の人やはは丸ではじめて出会った人たちと、**クジラ探しで一体になれる**、この時間と出会いがたまらない♡

夏に島トマトの話を聞いて食べたかった♡

TOMATON

イートインもできる

島トマトはフルーティー♡

甘すぎずさわやか系

OGASAWARA 島トマトジャム ¥630
（2〜8月頃）

しっとりもちもち&しっかりした生地

スフレロール ¥520

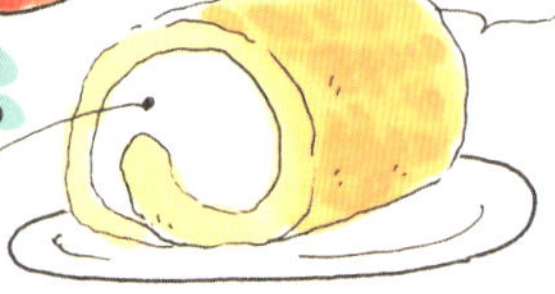

さっぱりとした島レモンクリーム

Qussy

9&10日目

Glass Studio TARAの しずくペンダント ¥2200

捨てられた空きビンを溶かして作ったガラス

海をギュッととじこめたかんじ♡

超お気に入り♡

町中ぐるぐる

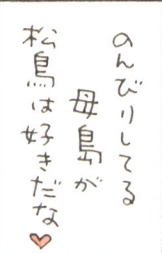

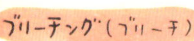

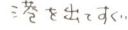

1日 ドルフィンスイム＆ホエールウォッチング（Sea-Tac ¥10500～） 8日目

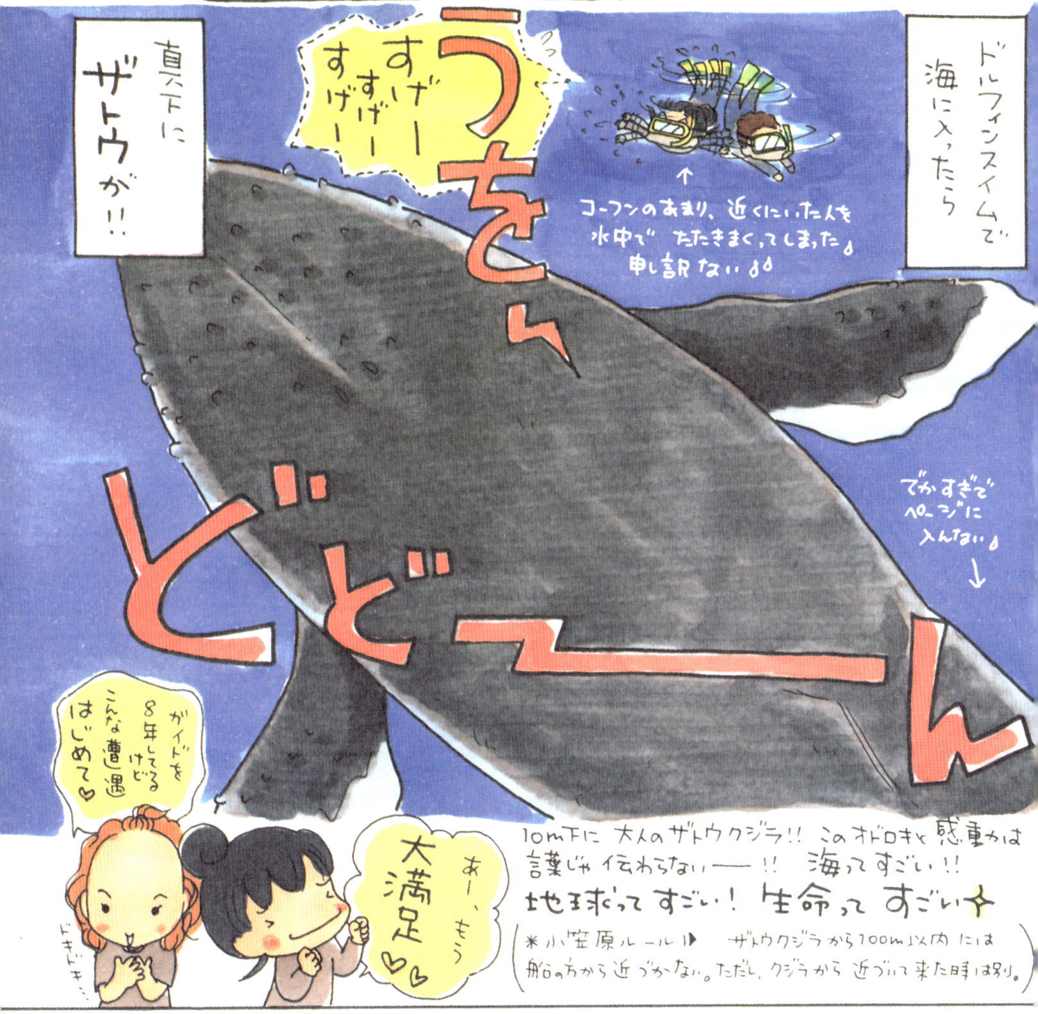
ドルフィンスイムで海に入ったら
真下にザトウが!!
すげー すげー すげー
うを～
コーフンのあまり、近くにいた人を水中でたたきまくってしまった。申し訳ない…
でかすぎでページに入んない。
どど～ーん
ガイドを8年してるけどこんな遭遇はじめて♡
あー、もう大満足♡
ドキドキ…

10m下に大人のザトウクジラ!! このオドロキと感動は言葉じゃ伝わらない──!! 海ってすごい!!

地球ってすごい! 生命ってすごい✧

（※小笠原ルール▶ ザトウクジラから100m以内には船の方から近づかない。ただし、クジラから近づいて来た時は別。）

アンパンマン!?

歩道にある、小笠原にまつわるイラストタイル。「おが丸」「南洋踊り」「アノールトカゲ」にまぎれて…

アンパンマン
なんの関係が?

毛利荘

瀬堀養蜂園も経営されているお宿。

とってもまろやか♡

島ハチミツ ¥1250

ボニーナ

ポキ丼 ¥1000

メジマグロとオゴ（ヒメダイ）の漬けがたっぷり
ネギと海草がたっぷり
メキシコ料理だけど。

エンチラーダス(M) ¥800

タコスの生地の中にミンチや野菜たっぷり 超食べごたえあり♡

お宿　民宿　トロピカルイーン　PAPAYA　￥4000（素泊まり）

出港、前夜

PAPAYAマリンスポーツが経営している、男女別相部屋の民宿。おが丸 出港前夜は、お庭で**パーティー**（別途 ￥3000）♡ これに混じりたくて宿泊しちゃった♡♡
（飲み物 持ち込みO.K.）

船長が釣ったアカバ
中華風ソース

明日、帰るか悩んでるんスよ 金ないけど 就職も決まってないし……残ろーかなーと
ハハハ!!
ラガーマン
スタッフ・まどかさん
オレは帰るよ 大学院あるし
←ラガーマンの友人
田中船長
ラガーマン!! 人生、思い切る時が必要なんだよ!!
保育士さん
みなさん 時間外手当とかは？
おいしいごはんが手当てかな（笑）
親孝行やなーエライ!!
クジラの横で泳ぐのが夢
船長デビューしたてのスタッフ・まりさん
保育士さんの長男
ガイド歴6年のスタッフ・なずなさん

PAPAYA オリジナル
島レモン入り ジントニック
口あたりがよくて ついつい呑みすぎる♡
なんと呑み放題!
たまらん♡
ジン&ウォッカ好き
島の商店で買った
パッションリキュール（300ml）￥1000
PASSION
ほんのり甘め。ロックがおススメ♡

戦跡めぐり　（戦跡ガイド 板長 ￥5000／半日）

11日目

出港日の午前中

戦時中、夜明山は陸海軍の発電所や司令塔が集まっていた場所。今も砲台や壕・トーチカの跡など、当時のまま残っているモノが多い。父親が戦死した場所を訪れにくる人や、自分自身がこの地で兵隊をしていた人…そんな方々も、板長さんを頼ってこられるのだとか。観光だけでなく、**その人が生きた証のようなモノを伝えるガイドさん**でもあるような気がした。

板長さんの弟子 佐久さん
お…ありますねー
筒の中を洗うブラシが残ったままでしょ？
板長さん
山の中、道なき道を歩きまくって戦跡を知りつくしているおっちゃん。

おが丸の見送り

これなくしては、小笠原は語れないっ!!
おが丸の入出港を中心に動いている小笠原の時間。
おが丸出港は、一大セレモニー♡

出港間近っ!!
乗船したら
Bデッキへ、Go。

航海安全と再会を祈って～
ドンドコドンドコ
ドンドコ…
小笠原太鼓
航海安全と再会
小笠原

島中に響いてくる、力強い
小笠原太鼓にはじまり
ゆったりモードの
南洋踊り。
そのうしろは
お見送りに
来ている
人たちで
あふれかえって
いる。

そして ここ

おが丸が動き出すと、
その後をツアー船が
追いかけてくる。
これを見たら、また、
**小笠原に帰りたく
なってしまう♡**

また来いよ―

居残ったラガーマン
OPAPAYA
1番最後まで追いかけてくるPAPAYA♡

見送りで海に飛び込む人たち
龍神

小笠原サイコ～♡
今回もお見送り飛び込みできんかった。。
ええ!?
あのラガーマンの子残ったのー!?
ウソーー!!

3月は「巣立ち」のシーズン。
高校を卒業した子が進学などで
島を離れる時、同級生たちが
盛大に見送る。**島っ子たちのあったかい
絆を**すごく感じた♡うらやましいなー♡

大宴会ーー!

おまけ

一夏。帰りのおが丸の甲板では…

イタリア語で乾杯は…チンチン～ イェ～ィ
レントゲン技師さん
いえーい
日系ブラジル人のユカちゃん
ユカちゃんの彼氏（イタリア人）
え!? なんでそんなん持ってんの!?
あっははははは
某高級ホテルのバーテン
いやー 甲板でできたてラーメン食べようと思って――結局、使ってないけどー
ははは…
キャンプ用のガス点くやつ
OLのかぐみちゃん

ドルフィンスイムのツアーで出会った人や、たまたま甲板で出会った人…とにかく、**そのへんにいる人と盛り上がってしまう!** こんな集団が、甲板のあちこちにいる（笑）。
小笠原ならではの楽しみ♡
海上での時間が、あっという間に過ぎてしまった。

竹芝到着後、上記のメンバーで表参道の（食べ放題）ブラジル料理ディナーへ行きましたー

表参道
チンチーン

売店@おが丸船内

まぐろくん ￥350

うっすら塩味の燻製。
身厚でプリッとしていて
最高のおつまみ♡
生産数が
少ない(?)ので貴重✦

小笠原 沖ノ鳥島産
まぐろくん

伊豆諸島北部へ。

夜行船で伊豆諸島へ

松島は船旅が好き♡
デッキをうろうろしてると
見知らぬ人とも
同じ「島に旅しに行く者」として
話せたり できるから♡

ぷち東京湾 ナイトクルーズ!?
夏の特権♡
東京タワーが赤々と
レインボーブリッジの下をくぐるよー
竹芝の入出港時はデッキで夜景を～。夏なら、どこかの花火大会の花火が見えるコトもあるよ! 超お得♡

デッキでの出会い
ふだん、出会わないようなんにも 出会えるかも～
神津島にバイトしに行くのに、今日、大阪から来たんですよー
お! 見て行きなー
電波チェックの仕事中なんだよ
かめりあ丸のBデッキには テーブルとイスが!

案内所(Cデッキ中央)に貼ってある、海況予報を見て各島に入港できるか予測するのが松島は何気に好き♡
仕事帰りに飛び乗ってもO.K!?
シャワー
¥200/10分
タオル
¥100
(自販機にて)
そなえつけのボディーソープ
食堂もあるよ
トビウオのジャンプ
(5月の神津島近海にて)
早朝のカツオドリの群れ
(5月の御蔵島近海にて)

東海汽船

（時刻表、料金はP.119）

伊豆諸島への大事な足！ 大島～神津島航路、三宅島～八丈島航路の2つをかめりあ丸＆さるびあ丸で運航している（前者はジェット船もあり）。竹芝を夜に出るから金曜日の仕事帰りに飛び乗って、週末は島で…なんてコトが実は気軽にできちゃう♡
出港時の、あの、ワクワク感は何度乗っても新鮮ーーッ✧

日本人ですから！？

富士山

特に、空気が澄んでいる冬の晴れた日はよく見える✧

夜行船だからこそ！？

朝日を拝む✧

日の出時刻は案内所で教えてくれるよ！

座席いろいろ！？

1番揺れが少ないのは2等和室!! だけど、広間タイプ（指定席）なので、

プライベートを重視したい人は、特2等以上の席がおススメ。

乗船後、席が空いていれば同じ2等和室同士でも、案内所で言えば席変更してもらえるよ。（席の種類が変わる場合は差額が必要）

2等和室

カーテンで仕切られた2段ベッドが並ぶ部屋♪

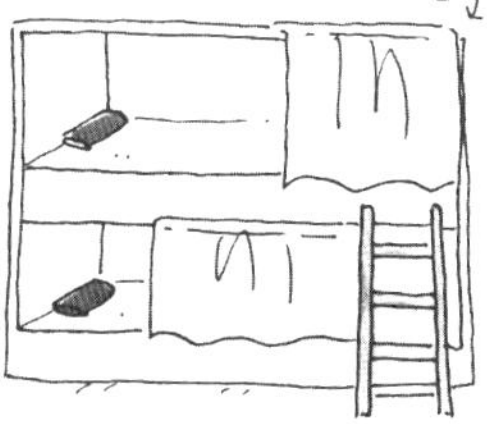

特2等室

席なし券！？

繁忙期の最終手段!?
その名の通り、席は完売しているので、デッキの床などで休むコトに。値段は2等と同じ。

夏は、My寝袋持参で風が気持ち良いのだとか!?

㊟夜行船もジェット船も、時期、曜日によって運航スケジュールが大幅に変わるよーっ
その都度、確認してね！

クジラのブロウ
（1月の利島→新島にて）

大《おお》島《しま》
MAP
「あんこ」=「姉」。
昔の大島の女性の作業衣がこんな格好だった →
あんこさん
島へ
竹芝桟橋
ジェット船で 約1時間45分
大型客船(夜行船)で 約8時間
羽田空港
ANAで 約40分
調布空港
新中央航空で 約25分
大島
島内で
車で1周 約1時間30分
岡田港
あんこ灯台♡
入出港時にチェック✦
椿花ガーデン リス村
ミトンにひまわりのタネを置いて、リスにエサやりができる。
ただし、台湾リスしかいない。
もしかしてそのへんの野リスをしつけたんかね?
大島空港
波治加麻神社
大島公園
行者窟
あじさいレインボーライン
元町 (P.41へ)
元町港
人なつっこいけど、かまれないように—
三原山温泉
与那国馬の牧場
三原神社
噴火口
三原山
お鉢めぐり
与那国島(沖縄)からはるばる来たらしい
表砂漠
月と砂漠ライン
裏砂漠
筆島
もく星号遭難の地
波浮 (P.41へ)
大島公園動物園
フタコブラクダに、レッサーパンダ。ワオキツネザルもゾウガメもいっぱい! 鳥小屋には自由に入れるし、天然記念物のオジロワシがいたり…
コレで、入場無料ってすげ!!
ゾウガメたちのおケツ
行者窟
海岸沿いに大きな洞が、行者浜から、かすかに見える。洞の奥には、祠が祀られていて、その周りには、つやつやした緑のコケ、天井からは水滴。
なんだか神秘的な場所だけど、遊歩道が崩れ、現在は立入禁止。
地層切断面
巨大バームクーヘンのような地層の断面を眺められる。
波浮側から見ると、とくに迫力ある✦
毎年6/15に行者浜で行者祭!

元町MAP

Oasis Island Gate —徒歩で 約30分→ ONE PACK HOUSE

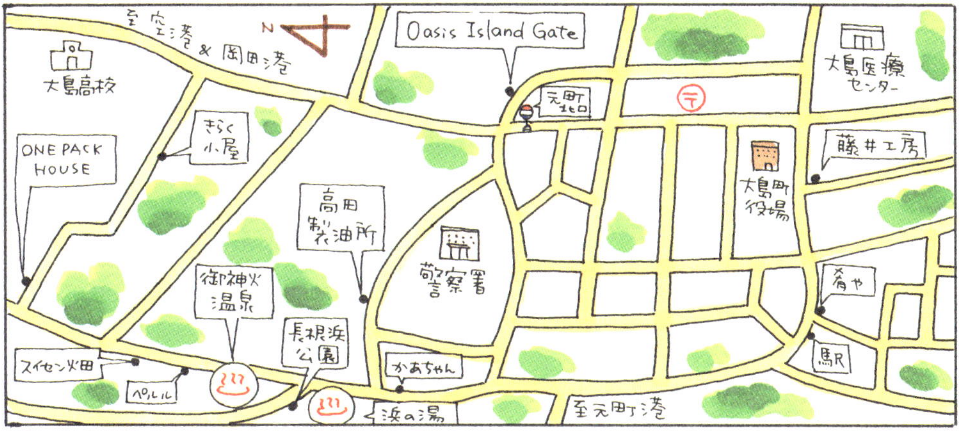
至空港&岡田港
大島高校
ONE PACK HOUSE
きらく小屋
Oasis Island Gate
元町北口
大島医療センター
藤井工房
大島町役場
高田製油所
警察署
肴や
馬R
御神火温泉
長根浜公園
スイセン畑
ペルル
かあちゃん
浜の湯
至元町港

波《は》浮《ぶ》MAP

島京梵天 —徒歩で 約15分→ 波布比咩命神社

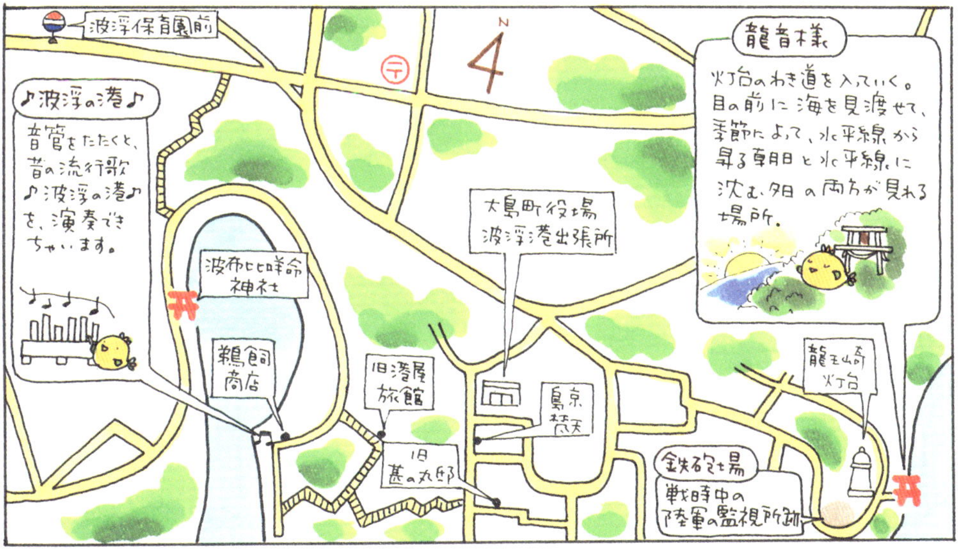
波浮保育園前
♪波浮の港♪
音管をたたくと、昔の流行歌♪波浮の港♪を、演奏できちゃいます。
波布比咩命神社
鵜飼商店
旧港屋旅館
旧甚の丸邸
大島町役場 波浮港出張所
島京梵天
龍音様
灯台のわき道を入っていく。目の前に海を見渡せて、季節によって、水平線から昇る朝日と水平線に沈む夕日の両方が見れる場所。
龍王崎灯台
鉄砲場
戦時中の陸軍の監視所跡

東京
大島
22. 2. 25.
大島郵便局の風景印

ジェット船を使えば、東京からわずか2時間足らずで着いてしまう島。そんなに近いのに、景色はコロッと変わる。大きな大きな噴火口に、広大な黒い砂漠、透明な海。ものすごく遠い島に来た気分になる。時間が過ぎるのも、なんだかとってもスロー。出会う人も、ゆったりした人が多かった気がする。嫌なコトがあったり、疲れたら、ポンッと船に飛び乗ってちょっと休みに行きたいな〜と、思った島でした。

野リスが多い！
(主に台湾リス)

大島 レトロ＆スピリチュアルアイランド!?

ね…眠い…

朝6時、岡田港到着

かめりあ丸 20分ほど停泊中ー

まずはひとっ風呂♡

格安のモービルレンタカー

三原山温泉

（外来入浴 ￥800）

三原山
私たち40年ぶりに来たのよー
昨日のジェット船でー
私、さっき着いたトコです～

三原山の途中にある**大島温泉ホテル**内の天然温泉（無色透明）。大型客船の到着時間に合わせて朝から営業中。これから登る三原山を眺めながら～。

三原山お鉢めぐり

山頂口からお鉢めぐりの入口まで歩くこと40分

火口…**でかっ!!** 水蒸気がモクモクあがってるのは、地球が生きてるって証なんだろうけど、今にも噴火しそうな（ゴジラが出て来そうな ← P46）感じがして、ちょっと怖かった…。

なんか…火口内の地層の色合いを見てるとムズムズするなんでだろー
昔、自殺の名所だったからね
山頂口のお土産屋にて
サービス溶岩
サービスしなくてもそのへんに転がってる。

波治加麻《はちかま》神社

島の人に「神秘的な場所だよ」と、聞いたので寄ってみた。波浮にある 波布比咩命（はぶひめのみこと）神社（はぶの大后）の次男・次郎王子が祀られている。

参道の杉林の垂直さにも、圧倒されたけど、社の周りは磁場が狂ってるんでは!?と思うぐらい、大木がななめに生えていた。

下山して島めぐりへ。途中、大島公園で開催していた椿祭りをチョロっとのぞいた。
あんこ衣装が松島には似合わずショック
あんこ貸衣装無料
明日葉大判焼き
椿油で揚げたタコ焼き

ココの木々…躍動感ありすぎ
なんとなく社を避けるように、枝がそっているようにも見える。

島の東側をどんどん南下して…

裏砂漠

360度、見渡す限り真っ黒な砂漠（国土地理院の地図で砂漠と認められているのは日本でココだけ）。建物も何も見えず、物音ひとつしない。黒い砂漠の向こうに沈んで行くオレンジの夕日。なんだか、ちょっとせつない気もちになった。ココで星空を見たら、無数の星に囲まれるんだろうな〜。

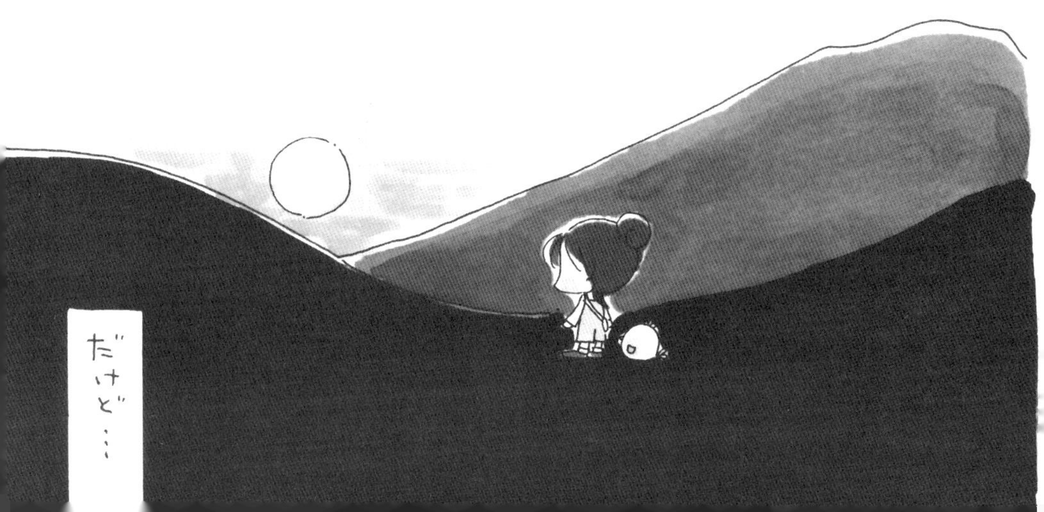
だけど…

すずめ

くさやは必ずお父さんが焼く！→
店長ご夫妻とイチゴくん（犬）

夕飯は大島出身の知人に教えてもらった波浮にあるお店へ。
ココのくさやは、他と違ってやわらかい♡
製造元に特別オーダーしているのだそうな。
焼きたてはホクホクで、嫌な臭さが全然ない…！
ついつい2枚も食べちゃった♡

摘みたての明日葉 →
つやつやした
濃い黄緑色で
やわらか

マヨネーズ
市販のくさやはアオムロが多いけど、これはムロアジ

特別に作ってもらった
はんば飯（郷土料理）♡

冬〜春に採れる**はんばのり**（生産量が少なくて貴重なのり）をみりん＆しょう油で炒めてごはんに混ぜたもの♡

日が完全に落ちると超真っ暗闇になるのでダッシュで下山

今晩の宿は…

夕食は要相談

お宿

ゲストハウス

島《とう》京《きょう》梵天　¥5800（1泊朝食付）

（注 お風呂は増築中。元町で温泉に入ってから行くと良いかも♪）

中に入るなり叫んでしまった…
「この家に住みたい!!」
築130年の古民家を、元の形を残しつつ、味のある空間に手作りで改装している。
大きな梁や、ちょっとキシキシいう廊下。昔の親せきの家と似てて懐かしい♡
ところどころに置かれた間接照明、そして、布団の中にそっと入ってた湯たんぽ!! 身体も心もほっこり♡

オーナーは、東京から移住してきた若いご夫婦。
母屋には、カフェ（築70年）が併設されていて雑貨や駄菓子など販売中ー。

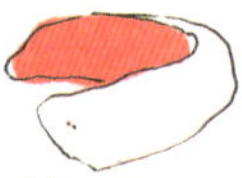

豆たんぽ
¥3900
小豆、大豆、玄米、押し麦入り

はー
豆のいい香り♡
レンジでチンして使う
ポカポカ

肩に腰に変幻自在!

朝食は、カフェ梵天で。

地産地消のヘルシーメニュー♡

大島野草茶(回茶)

¥800

コチラは、カフェメニューのひとつ。大島産のクマザサ、スギナの葉など8種類を土鍋で煮たお茶。薬草臭さはなくて飲みやすい。

めっかり(貝)と島のりのおすまし
島のところてん
はんばのりの炒めもの
明日葉の酵素玄米おにぎり(青唐辛子みそ)
ちょっとピリ辛

食後は、石段を下って港へ。

かなり

波浮港

「伊豆の踊子」の舞台となった町。古い街並は今も少し残っているけど、遊郭だったっぽいトコロは、今はすべて民家に。
遊女ではなく、洗濯物がゆらめいてた。
とっても のどか〜。

透き通った海の上に
停泊中の舟台を見ながら
パクッ!
大好きな"旅の時間"♡

遅めのおやつ兼早めのランチ!?

アツアツ〜♡

鵜《うの》飼《とり》商店

小さな商店。ココの揚げ物は、注文後に揚げてくれてテイクアウトO.K

肉汁と玉ネギの甘さがジュワ〜とくる
メンチカツ(¥90)が
1番気に入った♡♡

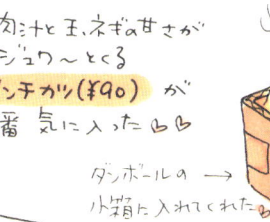

ダンボールの小箱に入れてくれた♡

午後からは大島の中心・元町をぐるぐる…

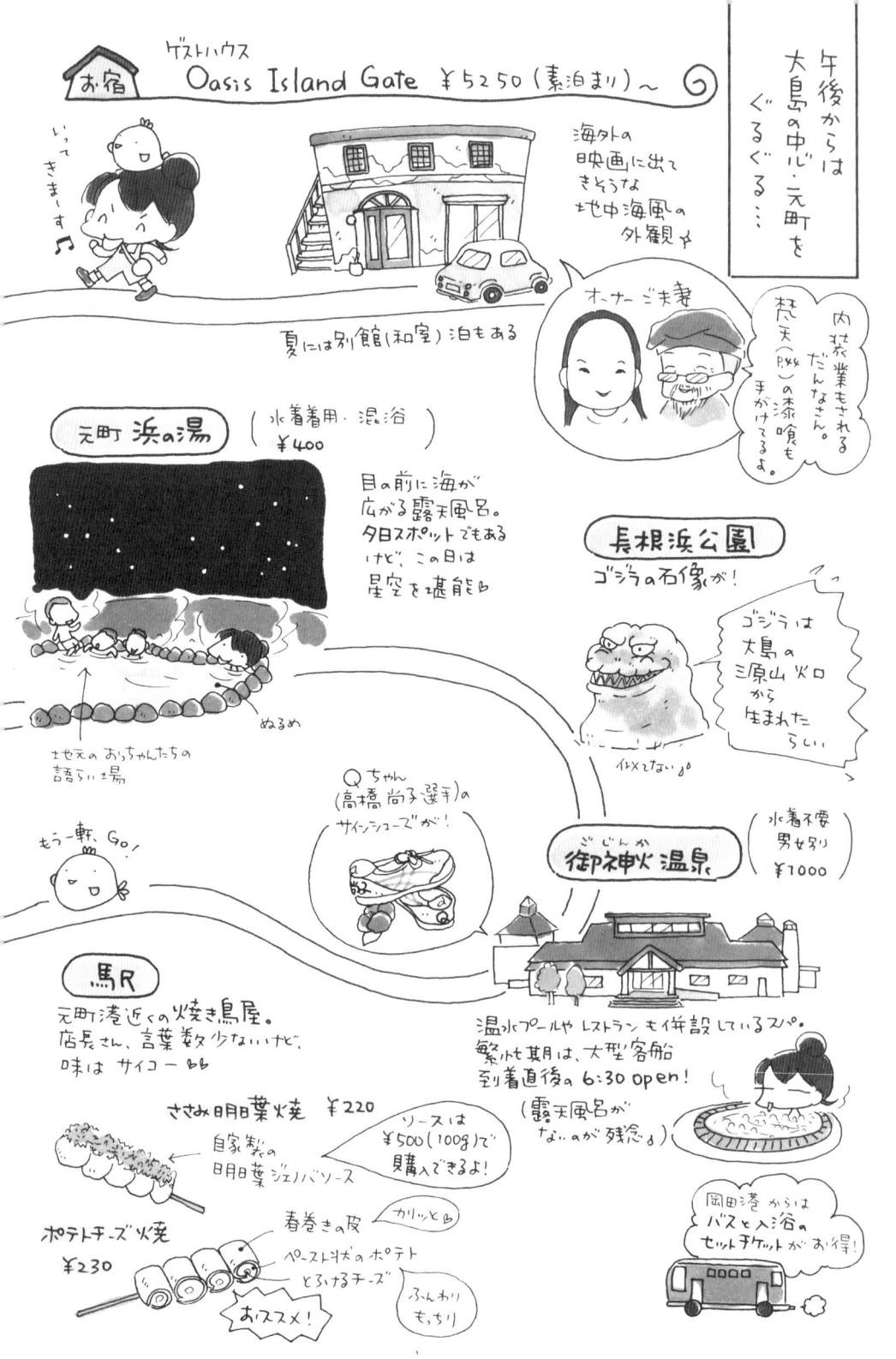

お宿

ゲストハウス

Oasis Island Gate ￥5250（素泊まり）～

いってきまーす ♪

海外の映画に出てきそうな地中海風の外観☆

夏には別館（和室）泊もある

オーナーご夫妻

内装業もされるだんなさん。梵天（P.44）の漆喰も手がけてるよ。

元町 浜の湯

（水着着用・混浴 ￥400）

ぬるめ

目の前に海が広がる露天風呂。夕日スポットでもあるけど、この日は星空を堪能♡

地元のおっちゃんたちの語らい場

長根浜公園

ゴジラの石像が！

ゴジラは大島の三原山火口から生まれたらしい

似てない。

Qちゃん（高橋尚子選手）のサインシューズが！

もう一軒、Go！

御神火《ごじんか》温泉

（水着不要 男女別 ￥1000）

温水プールや レストラン も併設しているスパ。繁忙期は、大型客船到着直後の6:30 open!

（露天風呂がないのが残念。）

馬R

元町港近くの焼き鳥屋。店長さん、言葉数少ないけど、味は サイコー♡♡

ささみ明日葉焼 ￥220

自家製の明日葉ジェノバソース

ソースは￥500（100g）で購入できるよ！

ポテトチーズ焼 ￥230

春巻きの皮 カリッと♡

ペースト状のポテト

とろけるチーズ

ふんわりもっちり

おススメ！

岡田港からはバスと入浴のセットチケットがお得！

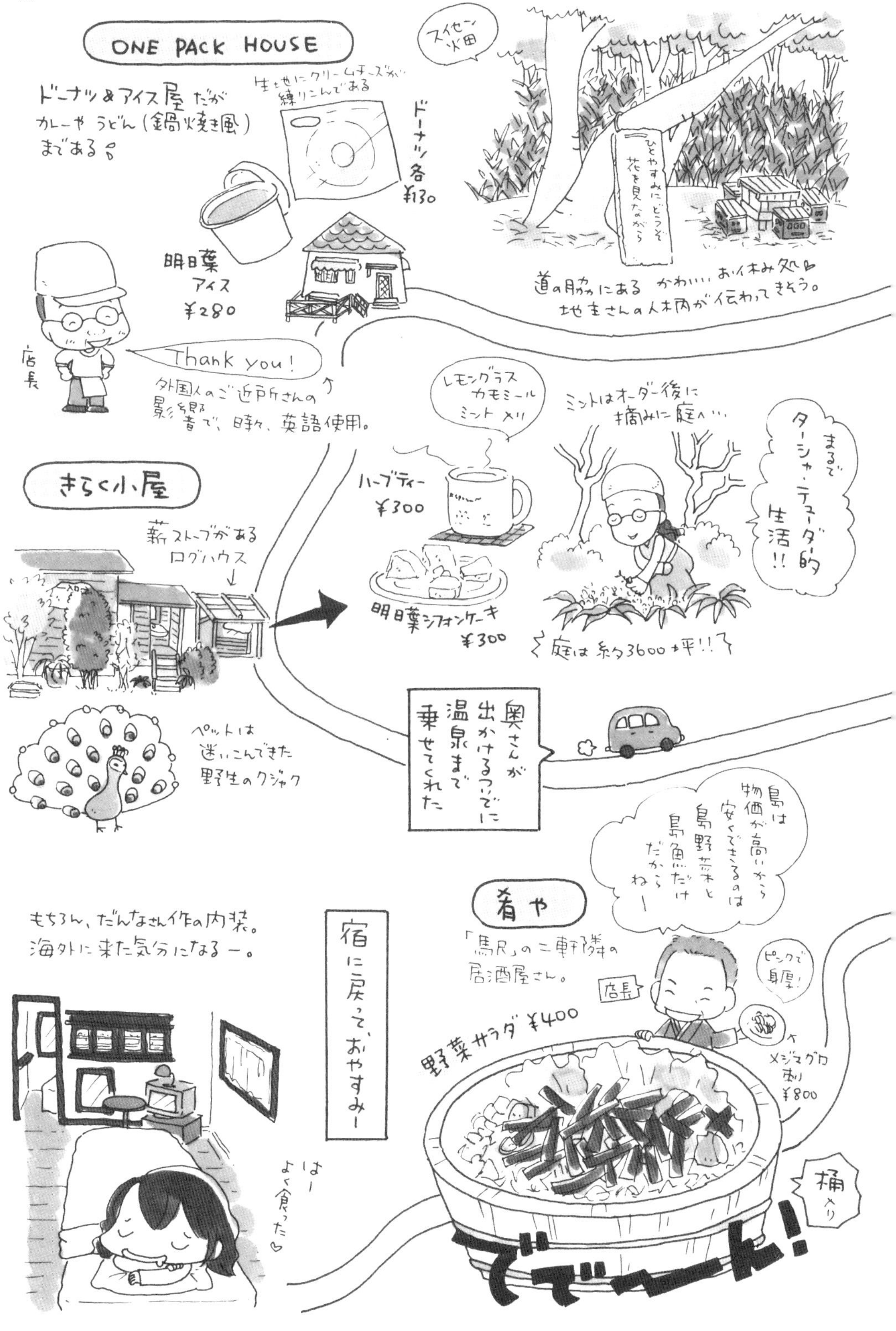
ONE PACK HOUSE
ドーナツ＆アイス屋だが カレーや うどん（鍋焼き風）まである♪
生地にクリームチーズが練りこんである
ドーナツ各¥130
明日葉アイス ¥280
店長
Thank you!
外国人のご近所さんの影響で、時々、英語使用。
スイセン畑
ひとやすみにどうぞ 花を見ながら
道の脇にある かわいい お休み処♡ 地主さんの人柄が伝わってきそう。
きらく小屋
薪ストーブがある ログハウス
ペットは迷いこんできた野生のクジャク
レモングラス カモミール ミント入り
ハーブティー ¥300
明日葉シフォンケーキ ¥300
ミントはオーダー後に摘みに庭へ・・・
まるでターシャ・テューダー的生活!!
庭は約3600坪!!
奥さんが出かけるついでに温泉まで乗せてくれた
島は物価が高いから安くできるのは島野菜と島魚だけだからねー
肴や
「駅」の二軒隣の居酒屋さん。
店長
ピンクで身厚!
野菜サラダ ¥400
メジマグロ刺 ¥800
桶入り
でデーーん!
もちろん、だんなさん作の内装。海外に来た気分になるー。
宿に戻って、おやすみー
はーよく食った♡

高田製油所

入口に「工場見学できます」の貼り紙。ムズカシイ話を聞くだけだろーなーと、思いつつ 工場の人に声をかけてみた。
…ら、**ビックリ**✧ 4代目の若だんなさん、工場のコト、いろんな椿油のコト、他の油のコト、はたまた、経営のコトまで!? 気づいたら 1時間も 丁寧に説明してもらいました。
椿、美容、人生勉強になりましたッ

翌日、朝からおさんぽへ

ココのパン 香ばし〜わ〜
朝ごはん♡
ペルル(パン屋)

工場に貼ってあった手描きイラスト

ひろう
ほす
つぶす
むす

9〜12月に 島の人が 拾ってもってきて くれます
実1kgで 椿油1合と 交換してますよ

うちは昔ながらの 製法で 実の皮ごと しぼってます。
家族経営だから 年間にしぼれる量も 少ないけどね…

しぼる機械

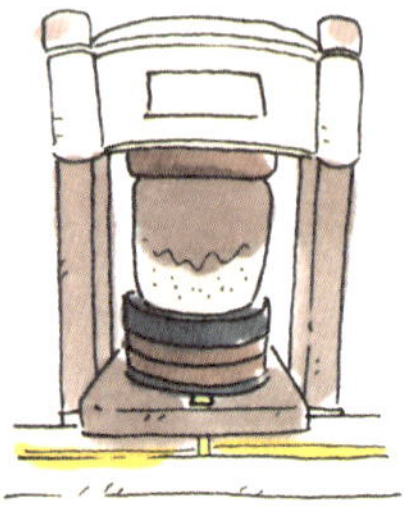

美容に

風呂上がりに 化粧水をつけて…

唇にもぬると うるおい
思ったより ベタつかないな!!

その後に、椿油を♪最後に もう1回化粧水♪

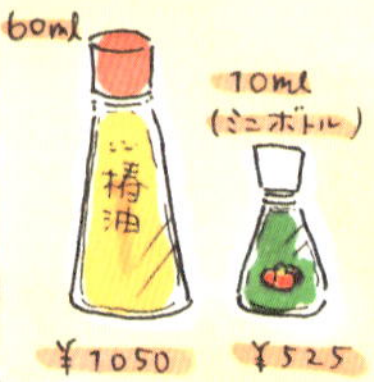

60ml
椿油
10ml (ミニボトル)
¥1050
¥525

化粧品用の油もある。ろ過を1回増やして サラッと感を upしているそうな。

椿油

三原椿油(500ml)
¥4200

食用に

サクッサク♡
ナッツの香り♡

フライにすると、パン粉に 椿油がしみて、揚げ物なのに、くどくないよ。

高級油〜ッ

おまけ話
もったいないので 2〜3日 同じ油で 揚げ物をした。

お次は、気になってた コレに会いに♡

かあちゃん

元町港の目の前にある 定食屋さん。店内の いけすに サザエなどが いっぱい。

ゴマたっぷりの みそラーメン

磯ラーメン ¥840

気がついたら もう お昼前。

藤井工房

緑の屋根のドームハウス。中は、大島の工芸品や昔の資料なんかもそろい、ちょっとした お茶もできるトコロ。木のぬくもりと、レトロな イラスト… etc. に囲まれて、すご――く おちつく空間♡

デザインがステキ♡
昔のガイドブック（非売品）
大島
ほし工房 絵はがき ¥350
和紙
版画
約85cm×60cm
スプーン ¥400
椿の木でできた柄
椿柄包装紙 ¥120
7cmほどのミニサイズ
椿の枝を彫ってある
あんこ人形 ¥500～
冬限定の
ほっとダイダイジュース ¥500
自宅の畑で採れたモノをしぼってくれる。
すっぱ甘♡ ほかほか♡

新中央航空

（片道 ¥9500～）

調布空港と、大島、新島、神津島を 9人または 19人乗りの プロペラ機で結ぶ。
高度が低いので、街が よく見える～。

大島→調布
たったの25分

さて、
帰りは
プロペラ機で。

都心って どんなけ 人、住んでん ねん―― 家、多すぎ!!
片側1名リシート だから、必ず窓ぎわ♡

ミニ
あんこの
起き上がりこぼし

大島空港売店にて
（発着前後の数分しか openしていなかった。きをつけて）

調布空港に着いて
ボーッとしてたら

夕日の時間に
なりました♡

利島《としま》 MAP

サクユリ

島へ

竹芝桟橋
ジェット船で
約2時間25分
大型客船（夜行船）で
約9時間40分
→ 利島

伊豆大島
ヘリで 約10分

島内で

徒歩で

かおり荘 —約1時間 東廻りで→ 南ヶ山園地 —約30分→ ウスイゴウ園地 —約1時間→ かおり荘

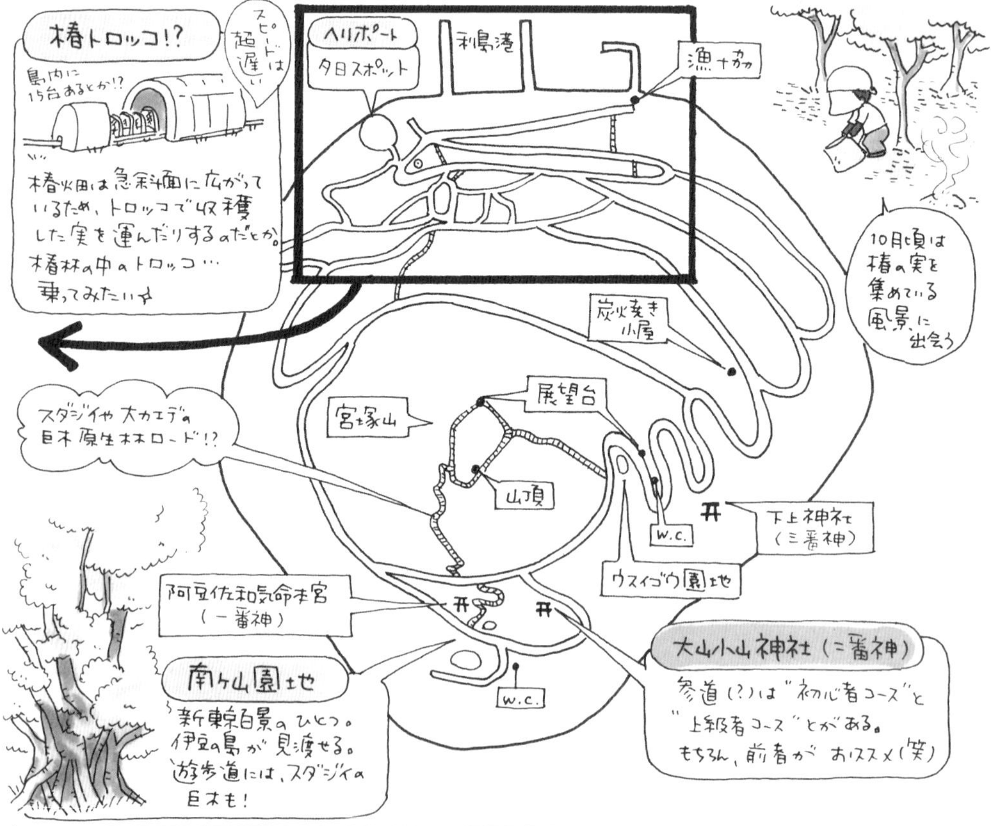

椿トロッコ!?
スピードは超遅い
島内に15台あるとか!?
椿畑は急斜面に広がっているため、トロッコで収穫した実を運んだりするのだとか。
椿林の中のトロッコ…乗ってみたい☆
ヘリポート
夕日スポット
利島港
漁協
10月頃は椿の実を集めている風景に出会う
炭焼き小屋
スダジイや大カエデの巨木原生林ロード!?
宮塚山
展望台
山頂
W.C.
下上神社（三番神）
ウスイゴウ園地
阿豆佐和気命本宮（一番神）
大山小山神社（二番神）
参道（?）は"初心者コース"と"上級者コース"とがある。
もちろん、前者がおススメ（笑）
南ヶ山園地
新東京百景のひとつ。
伊豆の島が見渡せる。
遊歩道には、スダジイの巨木も!
W.C.

21. 10. 21.
東京 利島

利島郵便局の風景印

とっても小さな島だけど、実は**椿油の生産量日本一**☆ なので、島のほとんどが椿の段々畑で、冬の椿の花の時期には、島が赤く染まるのだとか♡

そんな利島の1番の問題は、**船がなかなか着かない**コト。

防波堤がなく、桟橋むき出し！ そりゃ、波が少しでも出たら接岸できないはずだわ♪

接岸できるかできないか!? そんなドキドキでスタートした利島の旅。

帰る頃には、海の幸で**お腹いっぱい**になったのでした〜。

集落MAP

漁協 —徒歩で→ かおり荘 約15～20分

利島 山とサザエに大格闘!?

10月某日 朝7時

あっさりと利島港に到着。

あれま?
拍子抜け。
宅配便、郵便局、パトカーの3台がちょこんと並んでいて、かわいいー♡

エビ網

小エビかと思ったら、利島で言う「エビ」は**「イセエビ」**のコト!
前の日に網を仕掛けて獲る。
他の魚も網にひっかかって獲れるコトもあるそうな。
(この日は、イシダイが、ついでに獲れてた)

「エビ網見る?」と、言われついて行った。

かおり荘(P.54)のお父さん

朝ごはん

船が早朝着なので、宿(P.54)に事前にお願いすれば朝ごはんを出してもらえる。
(追加料金 ¥840/要予約)

焼き加減がいいあんばい♡

食べたいかー?
網の片付け中

うわーッ
まだ動いてるーピチピチャー
食べたいですー♡
シュ
シュ
シュ
シュ
ついでに獲れたサザエ
軽トラ

10時。お父さん手作りのお弁当片手に山の方へ。

しかし…誰もいねー!
弁当

宮塚山

島の中央にある、標高508mの小さな山。シーズンオフに行くと、草ボーボー♪ しかも、誰にも出会わない♪ だけど、入ってしまったら、登り切ってやるーッ!! と、燃えた!!

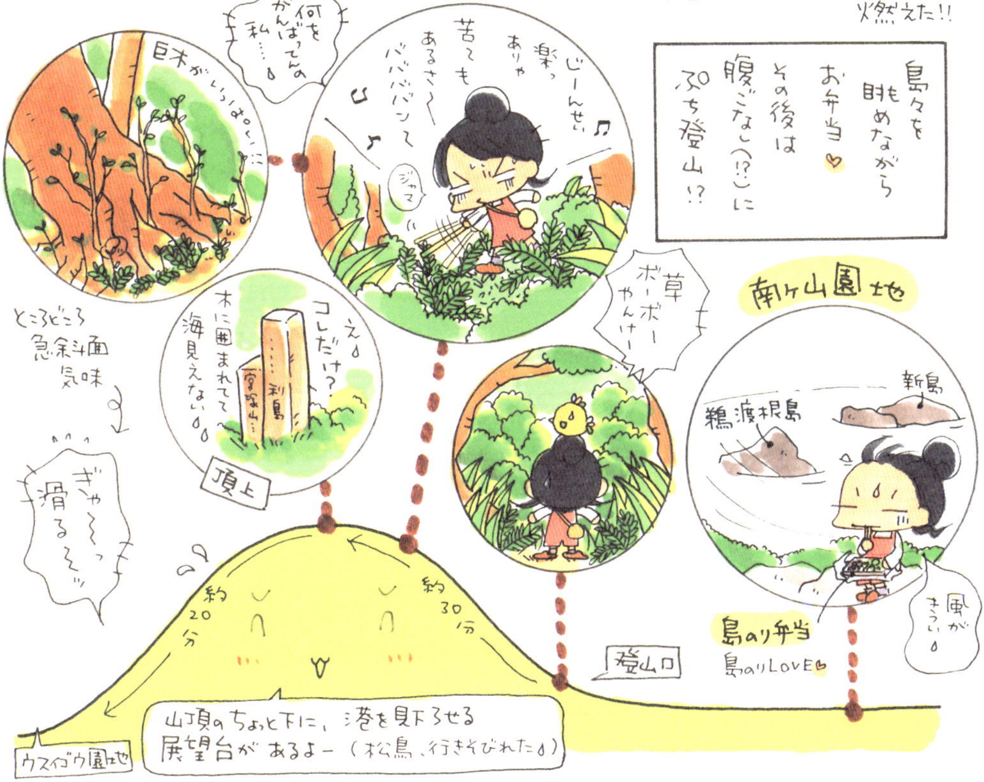
巨木がいっぱいくっに
何をがんばってんの私……♪
じーんせい楽ありゃ苦もあるさ〜
ババババンッて
ジャマ
島々を眺めながらお弁当♡
その後は腹ごなし(!?)にぷち登山!?
ところどころ急斜面気味
ぎゃ〜〜っ 滑る〜〜ッ
え♪ コレだけ?
木に囲まれてて海見えない♪
宮塚山
利島
頂上
草ボーボーやんけー
南ヶ山園地
新島
鵜渡根島
風がきつい♪
島のり弁当
島のりLOVE♡
約20分
約30分
登山口
ウスイゴウ園地
山頂のちょっと下に、港を見下ろせる展望台があるよー(松島、行きそびれた♪)

下上《おりのぼり》神社(三番神)

島では山に登る前に、阿豆佐和気命本宮(一番神)→大山小山神社(二番神)にお参りし、下山後、この下上神社にお参りする。

お社は玉石階段のはるか上!
竹で結った四手で
神社で、よく見かけた水を集める「かめ」。利島には地下水がないので、昔はコレで水を貯めていたのだそうな。

ウスイゴウ園地

疲れ果てて下山したら

つわぶき
黄色いハス
自力で四つ葉発見は人生初♡
しかもふたつも♡
この公園が極楽に見えた✧ しかも、四つ葉のクローバーを発見♡
なんだか幸せ♡
トイレ裏の東屋周辺がポイント

お宿　民宿　かおり荘　￥6800（1泊2食付）〜

（＊イセエビ、サザエは別途料金　時価）

椿林の間を
てくてく歩いて
集落へ——。

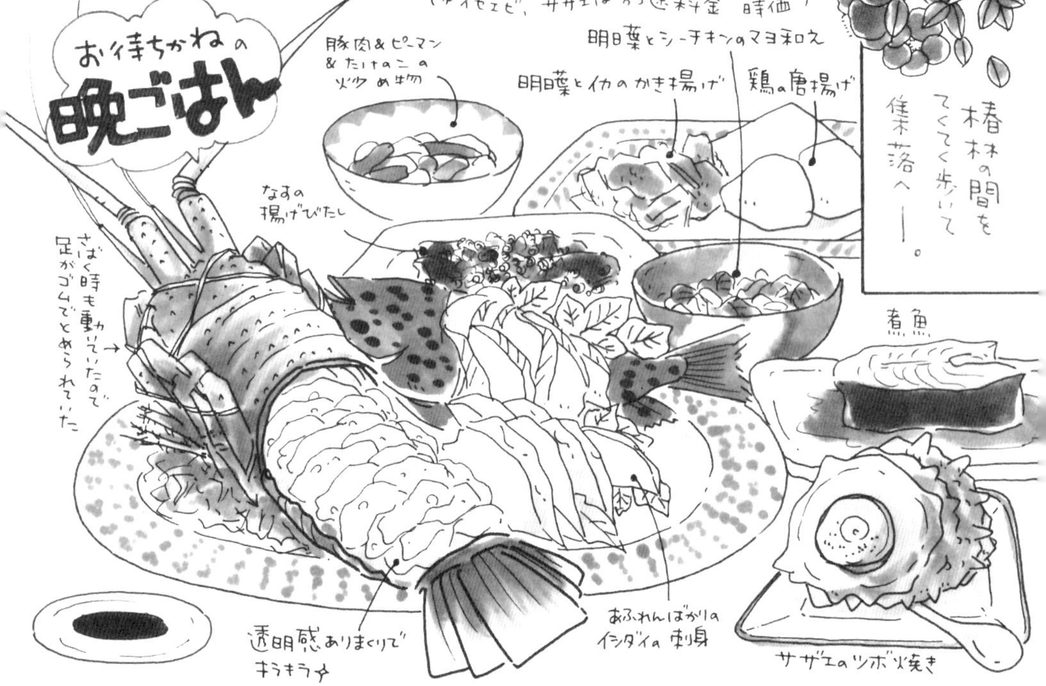

お待ちかねの晩ごはん
豚肉&ピーマン&たけのこの炒め物
明日葉とシーチキンのマヨ和え
明日葉とイカのかき揚げ
鶏の唐揚げ
なすの揚げびたし
さばく時も動いていたので足がゴムでとめられていた→
煮魚
透明感ありまくりでキラキラ☆
あふれんばかりのイシダイの刺身
サザエのツボ焼き

イセエビ、イシダイ、サザエは、**今朝獲れたて**♡
だからか、身が　とっても　ひきしまってる。
これで、なんと、1人前!!（タンパク質、取りすぎ♪）
今日は、お母さんが　お留守なので、お父さんが お料理。
昔、東京で板前さんを　していたそうな。どうりで、どれも
これも　うまいわけだ——♡

そして、酒が入ると
口数が増える（笑）。
大島から、かおり荘の
改装工事に来た
お兄さん2人も
一緒に、
22時半ぐらい
まで、
ず——っと
呑んでました。

島魚の刺身はからしで食うんだよ！
宿のおばあちゃんが漬けた梅酒♪濃くてうまい♪

VS. 特大サザエ!?

利島流・特大サザエの取り出し方

① スプーンの柄の方を　つっこむ。

ぐりぐり…

ぐぐっ！

② 身に柄を刺して回しながらひっぱり出す。
ココのヒダヒダが苦味の素なので取る。

しかし… 利島のサザエ
でかすぎ&弾力ありまくり
で、かみ切れず♪
飲みこむのに5分程
かかった。

ゆっくり食え！
う゛
ぐりぐり

翌朝――
朝ごはんから
ドーンと
足の部分の身も、しっかりといただきました。
明日葉
中に身とみそが♡
イセエビのみそに、明日葉の苦味がよく合う、
イセエビのみそ汁♡
朝から すでに、腹いっぱ――い。
出かけようとしてかおり荘の玄関で発見したお土産。
¥450
染めてないけど…
自然の草の色
¥350
野からむし自然織りのコースター
かおり荘のお母さんと近所の人が考案したもの。椿畑の合間に生えている雑草「カラムシ」の茎を乾燥させて編んだもの。
ヘンプよりも、やわらかな手触り。
「カラムシ」ってどんなのですか？
買ってくれたから見せにつれてったげよー
と、言うわけで…
サクユリって背が高いんですねー
南ケ山にも行ったげよー
昨日、連れてってほしかったー
えっすー
カラムシ
ドライブへ
10月は就航率高いのかな？
きれいな三角すい型
本日もベタ凪!! 難無く船で帰ったのでした。
島土産
JA東京島しょ 利島店
島椿石鹸
¥1200
お肌しっとりに♡
利島 島椿石鹸
超しっとりにまとめ髪しやすくなる♡
泡立ちはイマイチだけどね
島椿
島椿
ヘアトリートメント
¥2100
もちろん利島の椿から、できてるよ
島椿
ヘアシャンプー
¥2000
利島 島椿
島

新《にい》島《じま》 MAP

島へ

竹芝桟橋
ジェット船で 約2時間50分
大型客船（夜行船）で 約10時間35分
→ 新島

調布空港
新中央航空で 約40分
→ 新島

島内で

向山展望台 ← 車で 約30分 ← 新島港 → 車で 約35分 → 宮造神社

宮造神社
渡浮根港
若郷トンネル
淡井姫神社
新島村博物館
羽伏浦キャンプ場 & 石の動物園
集落MAPへ
新島空港
新島港
石の恐竜がいる（笑）
観光協会
ふれあい農園
湯の浜露天温泉
まました温泉
鳥ヶ島
間々下海岸
新島ガラスアートセンター

若郷地区

静かで小さな漁村。断崖絶壁の下に村が開けている。

小学校跡

小さな集落だけど郵便局と診療所もそろってる。

野ジカ

観光用に地内島に入れたニホンジカが、1.5km離れた新島に自力で泳いで来てしまい、現在、新島で大量発生中？山に入る時は、野ジカとシカ罠に注意!!

パシャ
エサー!
パシャ
エサー!
地内島

モヤイ像

「モヤイ」とは「力を合わせる」という意味。モヤイ精神を甦えらせようと、1977年に大後さんという方が、コーガ石で ← このような形に彫ったのがはじまり。

渋谷駅南口にあるのもモアイ像ではなくて、このモヤイ像！

平成新島トンネル

約3kmの長いトンネル。**自転車、歩行者は通行禁止**なので、渡浮根港に船が着く可能性がある場合は、宿に迎えをお願いしとくべし！

羽伏浦《はぶしうら》海岸

約6.5kmの白い砂浜とアクアマリンの海。超有名なサーフィンスポット。サーフィンの国際大会も開かれているトコロ。

島には昔、「ゼツカシ」という波乗りあそびがあったらしい!!

船の板など

白ママ断層

約7kmに渡る、真っ白い断層。

㊟ 式根島に行かないと見えない（P.62）

大三王子神社

つわぶきやあじさいが咲く階段を登っていく。漁業の神様。

酒仙水遊歩道

メロイ付近

小さな場所に池と緑と花。それに赤い鳥居がステキ♡

向山（石山）展望台

海が一望！夕日の時間もステキ♡

ココにもモヤイ像

ミサイル試射場

防衛省の施設。個人的に不要だなと思う？

集落MAP

十三社神社 徒歩で→ えびね公園 約20分

十三社神社
広い参道には巨木と
小さな社が並んでる。
ココのおみくじは
当たるらしい!?
（大吉をひいた→）
天に昇るように出世します
大吉
共同墓地・流人墓地
共同墓地の片隅にある
流人墓地。
白砂に小さな墓石と花。
木もれ日でキラキラして
幻想的な場所。
小学校
長栄寺
ピザハウス
洋一の店
ピザもサラダも
ボリューム満点!
話しやすい
洋一さん
w.c.
鳥勝
郷土料理&
居酒屋さん。
いわしのくさやは
臭いが少なくて
食べやすい♪
GS
役場
至羽伏浦海岸
池村製菓
超早朝から
openしてる
牛乳せんべい
屋。
かじやベーカリー
saro
JA
くさやの里
近づくと、くさやの香りが…。
工場見学させてもらえる。
タイミングが合えば、
できたての試食も♡
まると寿司
唐辛子入りの
ピリ辛漬け
寿司♡
大三
警察署
空港
ぐちきき
地蔵
中学校
N
えびね公園
えびね（ラン科）の
開花中のみopen
（4月中旬～5月初旬）。
あま～い香り♡
石山森林浴
ハイキングコース
間々下方面に抜ける
山道だが、アップ
ダウンが少なく歩き
やすい。
診療所
高校

22. 4. 20
東京 新島
新島郵便局の風景印

白い砂浜にアクアマリン色の海。絵に描いたような海の景色。
新島とイタリアのリパリ島にしかないコーガ石（火山活動によってできた軽石）で作られた建物ばかりの町並は、なんだか海外に来てる感じになる。
しかも、なぜかオフシーズンでも、外国人観光客の姿がチラホラと。
夏には、キャンプ場が外国人であふれるのだとか!! サーフィンと新島ガラスの世界大会やイベントが行われるから認知度が高いのか!?
島のあちこちには、コーガ石で作られたモヤイ像やオブジェも必要以上に点在していて、異国を通りこしてワンダーランドな島でした。

新島 とってもアート!?

宿に荷物を置いて早速、おさんぽへ。

コーガ石
コーガ石
コーガ石
コーガ石でできた家がいっぱいやー
外国っぽい雰囲気やわー

石の動物園

超アクアマリン色のキレイな羽伏浦よりも、超気になった場所!! コーガ石で固められた…動物たちが大集合!?
瞳はガラスをはめこまれているのが数体。ガラスがくもっていてなんとも切ない感じ。

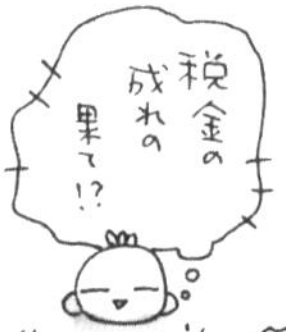
税金の成れの果て!?

羽伏浦海岸方面でも…

さらし首状態のキリン

憂いたっぷりの瞳

タマちゃん いつまでも お元気で!
なぜ、タマちゃんがココに!?

気を取り直して(!?)間々下へ移動。

かじやベーカリー

島のパン屋さん。
ふんわり生地&サンド系には千切りキャベツがたっぷり♡

カツパン
¥120
エビグラタンサンド
¥230

今日のランチ

湯の浜露天温泉

(水着着用、混浴、無料)

コーガ石で作られた、ギリシャの神殿みたいなものは…実は温泉!! 最近、源泉の量が減っているらしく、展望風呂には湯がないコトが多い(特にオフシーズン)。夕日スポットなのに…残念…?

展望風呂
こっちは常にお湯が入ってる
夜はライトアップ

間々下海岸

アクアマリン色の海に、小さな鳥ヶ島。
松島的には、新島で1番好きな場所。

まました温泉

（水着不要、男女別、¥300／砂むし風呂 ¥700）

肩こりがひどくなるといつも来るのよー 楽になるわ〜
ミネラルもたっぷりよ♡
温泉のお湯であたためた砂だから

屋内、露天、砂むし風呂のある温泉。人生初♪ 砂むし風呂!!
サウナが苦手なので、15分も砂に埋まってるのはムリかと思ったけど、じわじわとあたたまってちょうど良いホカホカさ♡
血行が良くなるので、**腰痛&肩こりの改善。**
もちろん **お肌にも効く**♡
仕上げは、温泉にゆっくり浸って全身ポカポカ♡

すげ〜ッ 血管がドクドクいってきた〜
両膝を立てると腰が砂面にフィットしてあったか〜い♡

帰りはたまたま出会ったおばちゃんが集落まで乗せてくれた♡

途中にあったコーガ石アート
涙のモヤイ伝説
しじみとさざえ

焼とり 大三

島の人に超人気のお店。この日も、月曜日なのに満席っ 島魚や郷土料理もあるのでうれしい♡

晩ごはんは…

30分したら空くからすまないねー
大将

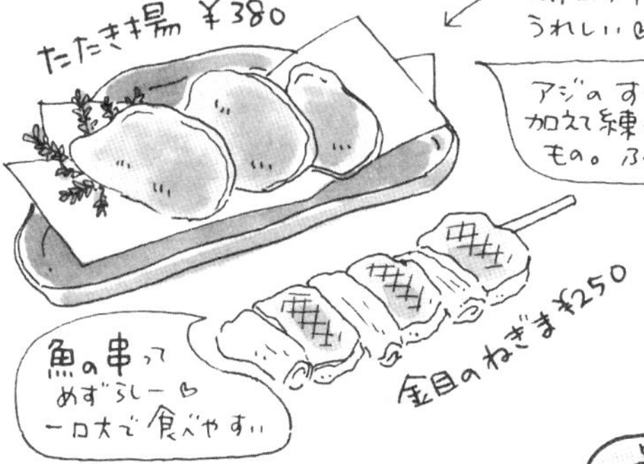

たたき揚 ¥380
アジのすり身に調味料を加えて練り、それを揚げたもの。ふわっとしてる♡
金目のねぎま¥250
魚の串ってめずらしー♡ 一口大で食べやすい

鳥ヶ島《とりんしま》

干潮時には渡れる。岩がかすかに階段のようになっていて、子どもの頃の探険心がムクムクと♡

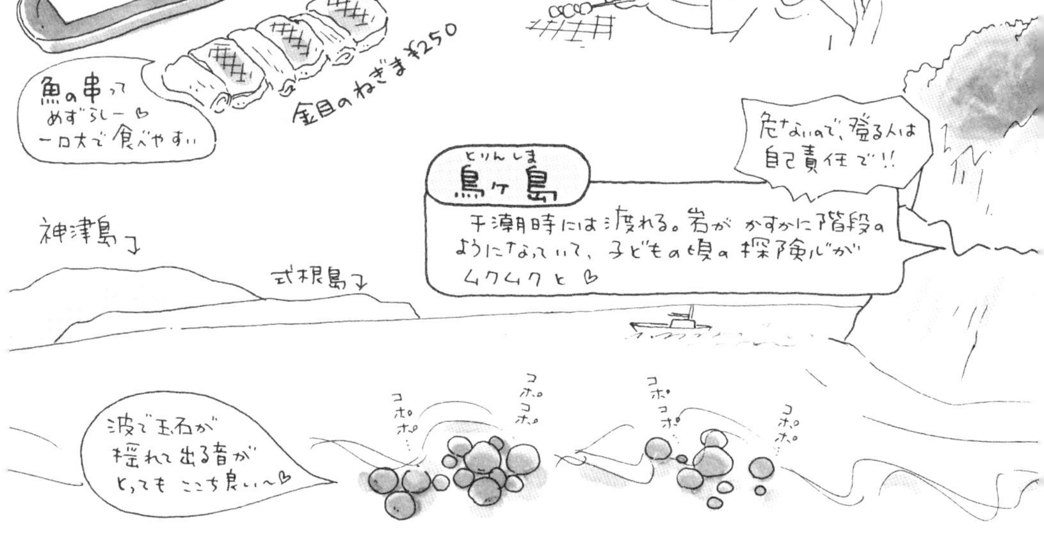

危ないので、登る人は自己責任で!!
神津島
式根島
コポポ…
コポコポ
コポコポ…
コポポ…
波で玉石が揺れて出る音がとってもここち良い〜♡

お宿 カフェ+宿 saro ¥8000(1泊2食付)

取材時は素泊まりプランがありました〜。

宿に帰ったら即寝‥
‥そして、翌朝‥

zzzzz

ピピピッ
チュンチュン
おひさまと一緒におはよー♡

昔ながらの民宿を、レトロさも残しつつ、大リフォームした宿。**1Fは古民家カフェ**(シーズンオフ中は予約のみ、不定休)、**2Fはお宿**。押入れのふすまは はずされて、壁は真っ白に!! 床は板が張ってあって、ベッドは すのこ♡♡

カーテンがないのに、初めオドロイたけど、これが、すごくいい✨
日の出と ともに、光がふわーっと さしこんできて、外の木に集まる鳥の声で目覚めた。すがすがしい 朝の スタート♡

宿のアイドル!?
チョロちゃん♡
超ひとなつっこい♡
トイレから出てきたら洗面台に座ってた(笑)
ちょこん…
昔なつかしタイルの洗面台

新島ガラスアートセンター

毎年秋に、世界中のガラス作家が集まる「ガラスアートフェスティバル」が開催されるほど、実は有名な**新島ガラス**! この日も、FANのおじさんたちが購入に来てた。松島も、つられて(?)買っちゃった〜♡♡

← モヤイ像と同じ**コーガ石が原料**なんだそうな!!
石の変化って… すごい。

saroで朝食を食べてからおでかけ。

芋のポタージュ♡
トロトロ感&芋の味がしっかりしてて♡

STAFFさん
膨らませてみますね〜
ぷ〜〜〜
超弾力があった!!
うすいのに
すげ〜…!

ツボ形で持ちやすい形と重さ
グラス 各¥1200
ミルクピッチャー(小) ¥1500

← コーガ石に含まれる鉄分が、この自然な緑色をつくり出すんだって。不思議!!

JA東京島しょ　新島店
新島産の野菜や加工品がそろってる。
アメリカ芋粉(500g) ¥780
新島で作られている白くて甘いアメリカ芋(サツマイモの仲間)の粉。お菓子作りに♡
ブルーベリーコンフィチュール ¥1500
3種類のブルーベリージャム入り
甘すぎず でも、もっちり♡ ゴマも たっぷり♡
こうきびんす ¥350
こうきびんす
昔、おいしい甘藷(さつまいも)のコトを「こうきびんす」と呼んだらしい。
食べ物のお土産も探しに・・・・
くぃちきき地蔵
木のトンネルを抜けると・・・コーガ石でできた
地蔵の大群が!!
なんか・・・地蔵さんから愚痴が聞こえてきそう・・・(笑)。
島のとある人が、島を盛り上げるために造ったらしい。
あるイミ、とっても・・・・センスがいい
おたすけ地蔵
舵とってんのに、乗ってるのは亀。
お国が違うかと・・・
そしてラストは・・・
地図に載ってない超穴場スポットですよ
saroのSTAFFさん
潜水地蔵
目つき悪い
シュノーケル付けてるし
いやー、新島って・・・かなりワンダーランドやったなー
ハハハ・・・
ポーズが不自然
地蔵がよそ見したらあかんやろー
・・・

式《しき》根《ね》島《じま》
MAP
島へ
竹芝桟橋
ジェット船で
約3時間10分
大型客船(夜行船)で
約11時間5分
にしき
新島
連絡船で 約10分
(1日 3便)
式根島
島内で
自転車で
てらぴ～
十治朗《とうじろう》
約15分
神引展望台
約3分
松が下雅湯
泊海水浴場
扇形がキレイ☆
白砂で遠浅のビーチ
東要寺のなぎの葉
伊豆諸島では式根島だけに自生している「梛(なぎ)の木」。この葉は2人で引っぱっても切れないコトから、人やお金の縁が切れないようにと、お守りにするらしい。
夫婦円満のお守りとして、花嫁道具のタンスに入れて持たすコトもあったそうな♡「なぎ」=「凪」から、漁師が海が凪ぐようにお守りにもするとか。
本堂のトコロに、自由に持ち帰りO.K.のなぎの葉が置いてあるよ♡
ヘリポート
W.C.
泊神社
観光協会
漁協
W.C
野伏港
式根の玄関口
教育用に設置された、島唯一の信号。あんまり守られてない!?
あげパン
池村商店
エビ網作業が見れるかも
診療所
中学校
シマアジ マダイ養殖場
小学校
保育園
ネットができる
開発総合センター
役場
高森灯台
186段の石段(急坂!)の上に立つ小さな石の灯台。
当時75才のおばあちゃんが、坂を切り開くトコロから作ったというからビックリ!!
W.C
小浜漁港
馬主在所
みやとら
GS
てらぴ～ 十治朗
東要寺
イヌマキの巨木
マイマイズ井戸
サンバレー
こころ
ぐんじ山展望台
W.C
W.C
キャンプ場
石白川海水浴場
釜の下海岸
おおぎ
山道を下って行くと広がる岩場。タイドプール(潮だまり)になっているので、シュノーケルに最高! 透明度も
白ママ断層
タイドプール
大きなハート岩が隠れてるよ♡
塩釜さま
江戸時代、製塩を行う塩釜があった場所。小さな祠がある。
小《こ》の口公園
新島の白ママ断層がキレイに見えるトコロ。

東京
式根島
22. 1. 8.

式根島郵便局の風景印

伊豆諸島の有人島で最も小さく平らな島。『式根松島』と呼ばれるほど、松の木と白浜の景色があちこちに（← 日本人心をくすぐるのか、とっても和む）。海の透明度も素晴らしく、夏に行くのも良いのだが、今回は、あえて真冬の1月に行ってみた！
式根島の名物「温泉めぐり」でポカポカ温まりたかったから。潮の干満で湯加減をみたり、温泉に入りながら朝日を見たり…自然と一緒にすごす時間の流れがとっても気もちよかった♡ そして、出会った人たちの気もちにもポカポカした島でした。

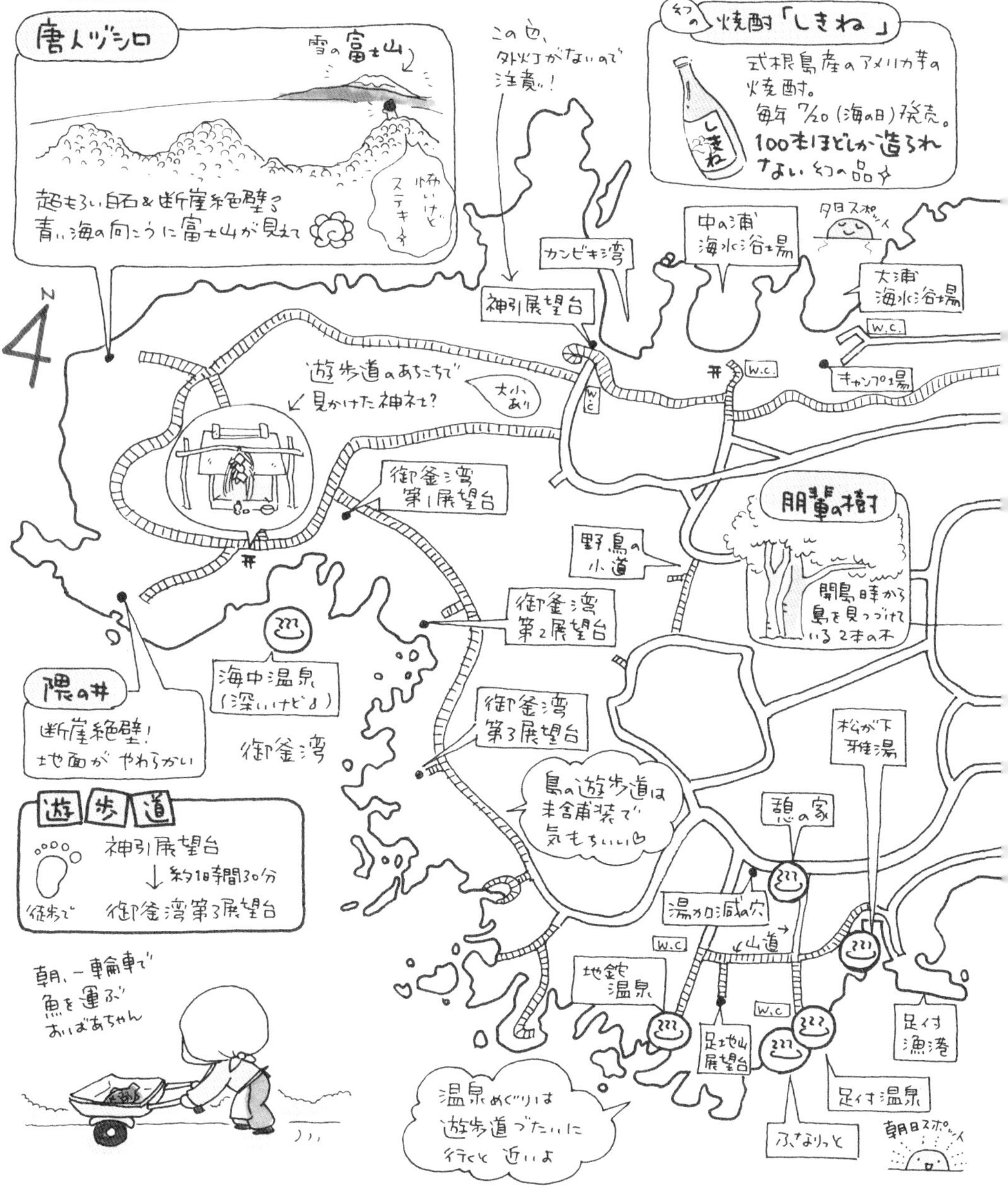
唐人ツジシロ
雪の富士山
怖いけどステキ✧
超もろい白石＆断崖絶壁っ
青い海の向こうに富士山が見えて
この辺、
外灯がないので
注意…！
幻の焼酎「しきね」
しきね
式根島産のアメリカ芋の
焼酎。
毎年7/20（海の日）発売。
100本ほどしか造られ
ない幻の品✧
N
神引展望台
カンビキ湾
中の浦
海水浴場
夕日スポット
大浦
海水浴場
W.C.
W.C.
W.C
キャンプ場
遊歩道のあちこちで
見かけた神社？
大小あり
御釜湾
第1展望台
野鳥の
小道
朋輩の樹
開島時から
島を見つづけている2本の木
御釜湾
第2展望台
海中温泉
（深いけど♪）
隈の井
断崖絶壁！
地面がやわらかい
御釜湾
御釜湾
第3展望台
松が下
雅湯
島の遊歩道は
未舗装で
気もちいい♡
遊歩道
神引展望台
↓ 約1時間30分
徒歩で
御釜湾第3展望台
憩の家
湯加減の穴
W.C
山道
地鉈
温泉
W.C
足地山
展望台
足付
漁港
足付温泉
ふなりっと
朝日スポット
温泉めぐりは
遊歩道づたいに
行くと近いよ
朝、一輪車で
魚を運ぶ
おばあちゃん

式根島
温泉とおっちゃんワールド
島に着いたが… 宿の迎えが来てない♪
お客さん待ってるよー
もう来るから
RRR…
観
ウロウロしていたら、観光協会の人が宿にTELしてくれた!!
なんて、親切
今日泊まる宿のおっちゃん
お待たせ
漁協前にて
今回の都議選に…
あれ?
が!!
議員さんの来島出迎えに参加
さらに!!
じゃまずは私の遊び場へご案内しましょー
へ?
山の中にある おっちゃんのパラダイス
地熱
桜の木
ホームページで見ましたー
なんだ知ってんのかコノヤロー
木や花のコトを愛おしく語ってくれる おっちゃん
え?
温泉も見て行こー
ガソリンスタンドにて
えーまだ宿に着いてないの?
ワハハハハ
ははは
GS
やっと
1時間半後、宿に到着
予想外の展開でオモロイかも
はいー
じゃ、16時すぎに松が下雅湯でー
注 カラスが多いので木の下にチャリを置くとフンをかけられる。ごはんも狙われる♪
カー カー
ちょっと休んでからチャリ散歩へ
何気にゆるやかな坂が多い

ぐるぐるして
1番気に入ったのはココ!!

神引展望台

松島的パワスポ♡

富士山も♡

島で1番高い場所。伊豆諸島の八丈島以南を除いた島々が見わたせる☆見晴らし 360度どころか **380度!?** な気分♡
透明で濃い青の海に、連なるリアス式海岸!!
シーズンオフで うれしいコトは、誰もいないので、**この景色をひとり占めできるコト**♡「**すげ――ッ**」と、何度も何度も叫びまくった～。
(ちなみに、ケータイのアンテナ3本立ってるのに、10回くらい試しても、メールが送れなかった。
なんて、強い磁場!!?)

利島
鵜渡根島
大島
新島

すっげ～

ファミリーストアー みやとら

ここで、**島弁ランチ**♡
「みやとら」は、ミニサイズのお弁当があるので、2種類楽しんでみた♡

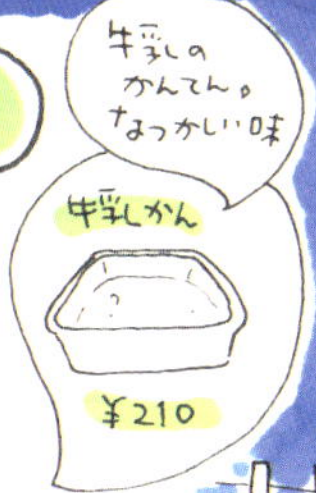

牛乳のかんてん。なつかしい味
牛乳かん
¥210

明日葉入りかき揚げ
かき揚丼 ¥336
ちくわ天や明日葉天の下に、島のりたっぷり
島のり弁ミニ ¥315

地《じ》鉈《なた》温泉

（別名：内科の湯
水着着用、混浴、無料）

地面を鉈で割ったような
崖の間を抜けたトコロにある。
底が見えないほど濃い硫黄色。
干潮の時は超高温（80度）!!
でも、入る場所を選べば、
適温の場所がある。

温泉
ちと、恐そう
崖には湯治記念のらくがき彫りだらけ。岩、激モロイ。。

さて、メインの温泉めぐりスタート。
湯治!?
湯加減の穴
地鉈温泉の温度がだいたいわかる穴

お肌にビリビリくる～♡
湯上がり後もしばらくポカポカ度キープ♡
おっちゃんとの待ち合わせに松が下雅湯に行ったら…
待ってたんだぞー もう入っちまった
水着→
え!?
15分ほど遅れた。
湯加減の都合で足付温泉へ
バスタオル
まだあったかい かも!!
裸足の十治朗だー アハハハハ
は：速
裸足↗
おっちゃんのサンダル

満潮時にやってきたらしい→
そこ！ボラの子どもだ
海
お！
ふなりっと
（水着着用、混浴、無料）
おっちゃんの秘湯♡
自分で岩をどけて作るんだとか。
透明だけど、地鉈と足付、両方の温泉の効能があるお湯。

足付温泉

（別名：外科の湯
水着着用、混浴、無料）

潮の干満で、かなり温度変化があるので、地元の人に、
その日の ちょうど良い時間を聞いておくとBEST。透明なお湯。
冬には、ちょっと ぬるめ … かな。

忘れもの（?）のパンツ

松が下 雅湯

（水着着用
混浴、無料）

昔あった旅館の外湯を、そのまま利用した 硫黄の温泉。
潮の干満に左右されないので、島の人で、毎朝 入りに来る人も！
どの温泉も 海水が 混じっているはずなのに、ベタつかないのは、なんでだろ？

夕方に
いつも
来るのよ
更衣室あるのに、湯船前のベンチで 着替えだすおじいちゃん（笑）
ヒザぐらいの深さ

足付温泉から
再び
松が下雅湯へ
（徒歩1分）

松の木がステキな道

式根島温泉 憩の家

（水着不要、男女別
石けんのみ常備）

入浴料
¥200

室内風呂で、おばあちゃん率 高し!! ここも、硫黄の湯。

注意

硫黄の湯は
硫黄色に
染まる。ので
古水着
古タオル
古下着
持参が
おススメ✧

げっ。

式根には
4回目
です〜
へ〜

東京から観光で来た小学生の子と
仲良くトークしながら〜。

こころ

イタリアーンレストラン。実は、そんなに期待せずに行った。
んが!! 一皿一皿が、**大盛り**✧ お味も **本格的**！
（このお店を目当てに来る観光客も いるそうな）

そのまま
晩ごはん。

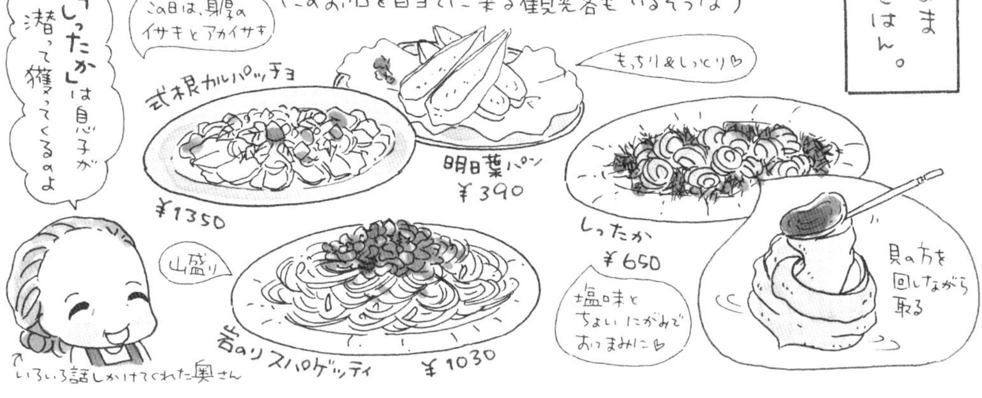
「しったか」は息子が
潜って獲ってくるのよ
この日は、身厚の
イサキとアカイサキ
式根カルパッチョ
¥1350
もっちり&しっとり♡
明日葉パン
¥390
しったか
¥650
塩味と
ちょいにがみで
おつまみに♡
貝の方を
回しながら
取る
山盛り
岩のりスパゲッティ
¥1030
いろいろ話しかけてくれた奥さん

お宿　素泊まり民宿　てらぴ〜十治朗　¥4000

素泊まりのみの宿。3泊¥10000、10泊¥30000と、連泊するほど安い♡
しかも、1Fは何でもそろう（？）商店「おくやま」。
宿の入口前は広いベランダになっていて、
星を眺めるのにちょうどいい♡
部屋は4つで、畳部屋。
自分の家みたいで、
とっても、おちつく〜♡

夜は

満天の星空♡

翌朝再び、温泉へ

足付温泉

朝日スポットでもある。水平線から昇る朝日を温泉から眺める。なんて、ぜいたく✧

足湯しながら日の出

あ！巴網の船かー

朝風呂中のおっちゃんに遭遇

温泉たまご

おっちゃんが作ってくれて、その場で一緒に食べた。ほかほか✿

松が下雅湯で
足湯だけでも足がホントに軽くなる♡
ぷるぷる
食います✧
昨日「あの子に食わせてやれ」ってエビとサザエもらったんだ 食うか!? 特別に安くしてやるぞ

宿に戻って おっちゃんが、朝ごはんを 作ってくれようと するのだが…
これ どーすんだ？
ちま
おくやまの台所にて
水、少なすぎよー
宿のパートさん
ニラか!?
明日葉は後から入れるの 何年、島に住んでるの？
いつも私が作ってるからって
奥さん
お前は上(宿)でコレを焼いてろ!!
特大サザエ！
できたぞ!!
注 魚のさばき等は得意な方です
一生懸命な気もちがうれしい♡
しかし、朝から伊勢エビ1.5匹と特大サザエはちと、多かった。
完食に1時間かかった
え
こんな巨大サザエ焼いたコトない…どうすんの!?
焼き芋
奥さんが船で食べるようにとくれた♡ 焼酎「しきね」にも使用される白く丸い芋。（アメリカ芋）
ほどよいねっとり感と甘さ♡
近付いて来る船が真正面から見られる。映画のような迫力！
激しく揺れとるなー
新島→
帰りの船の時間。野伏港へ
島土産
サンバレー
牛乳せんべい
(5枚入) ¥250
このミニサイズがレトロデザインなパッケージでお気に入り♡ せんべいには、式根の俳句が刻まれている。
牛乳せんべい
にいじま漁業協同組合 式根島事業所
たたき（300g）
¥525
つくね風にしたり、豆腐と混ぜてハンバーグにしたり♡ トビウオとアオムロのすり身。火を通すとふわ＆ぷりり♡ クセになる食感♡
たたき

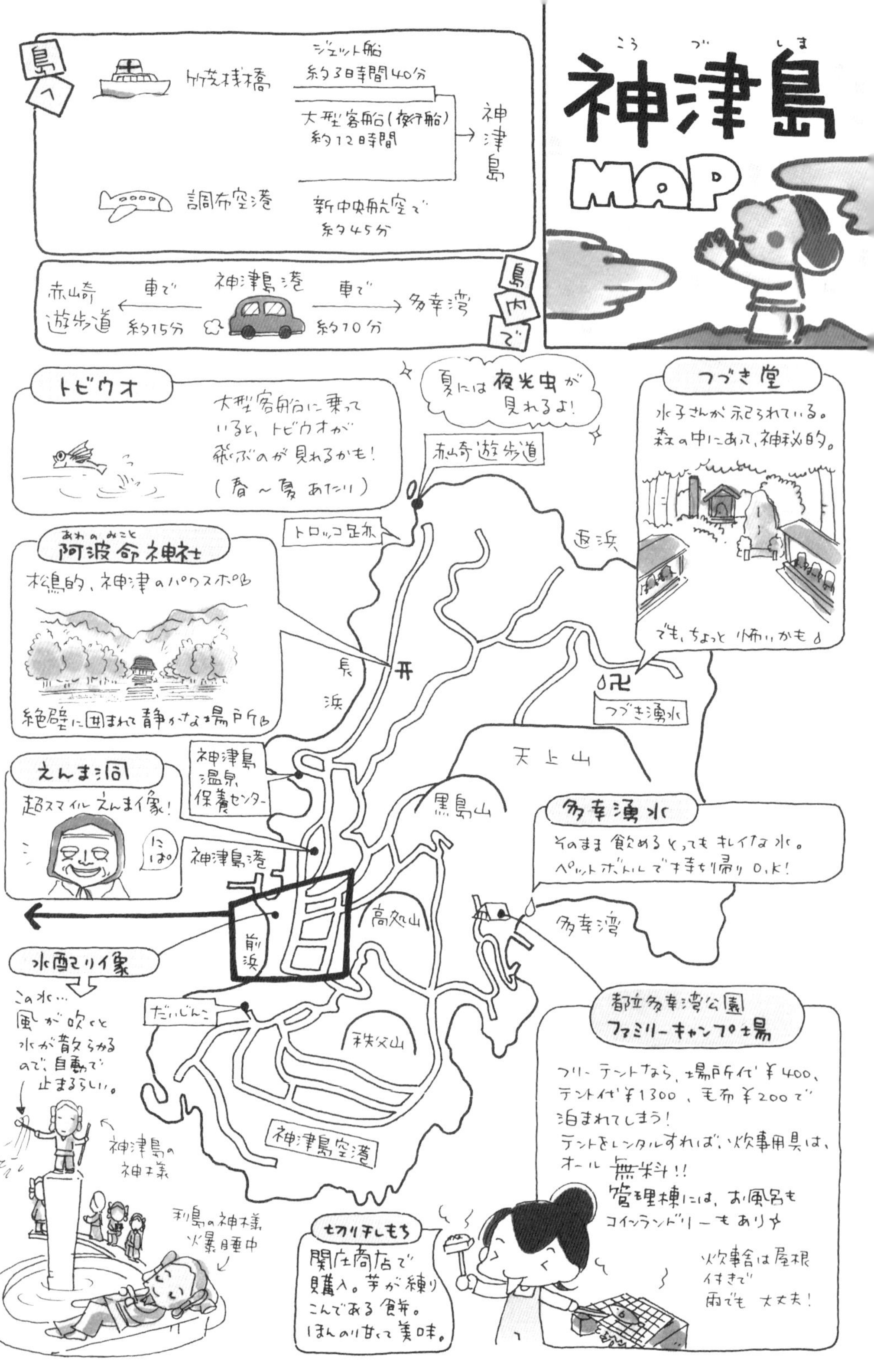

神津島《こうづしま》
MAP
島へ
竹芝桟橋
ジェット船
約3時間40分
大型客船(夜行船)
約12時間
神津島
調布空港
新中央航空で
約45分
島内で
赤崎遊歩道
車で
約15分
神津島港
車で
約10分
多幸湾
トビウオ
大型客船に乗っていると、トビウオが飛ぶのが見れるかも!
(春~夏あたり)
夏には夜光虫が見れるよ!
赤崎遊歩道
トロッコ跡
つづき堂
水子さんが祀られている。
森の中にあって、神秘的。
でも、ちょっと怖いかも♪
返浜
つづき湧水
阿波命神社《あわのみこと》
不思議で、神津のパワスポ♪
絶壁に囲まれて静かな場所♪
長浜
天上山
黒島山
神津島温泉保養センター
えんま洞
超スマイルえんま像!
にぱ。
神津島港
前浜
多幸湧水
そのまま飲めるとってもキレイな水。
ペットボトルで持ち帰りO.K!
高処山
多幸湾
水配り像
この水…
風が吹くと
水が散らかるので、自動で
止まるらしい。
神津島の神様
利島の神様
火暴睡中
だいじんこ
秩父山
神津島空港
都立多幸湾公園
ファミリーキャンプ場
フリーテントなら、場所代¥400、
テント代¥1300、毛布¥200で
泊まれてしまう!
テントをレンタルすれば、炊事用具は、
オール無料!!
管理棟には、お風呂も
コインランドリーもあり☆
炊事舎は屋根付きで
雨でも大丈夫!
切り干しもち
関庄商店で購入。芋が練りこんである食餅。
ほんのり甘くて美味。

集落MAP

神津島港 ――徒歩で 約20分→ 神津ストア

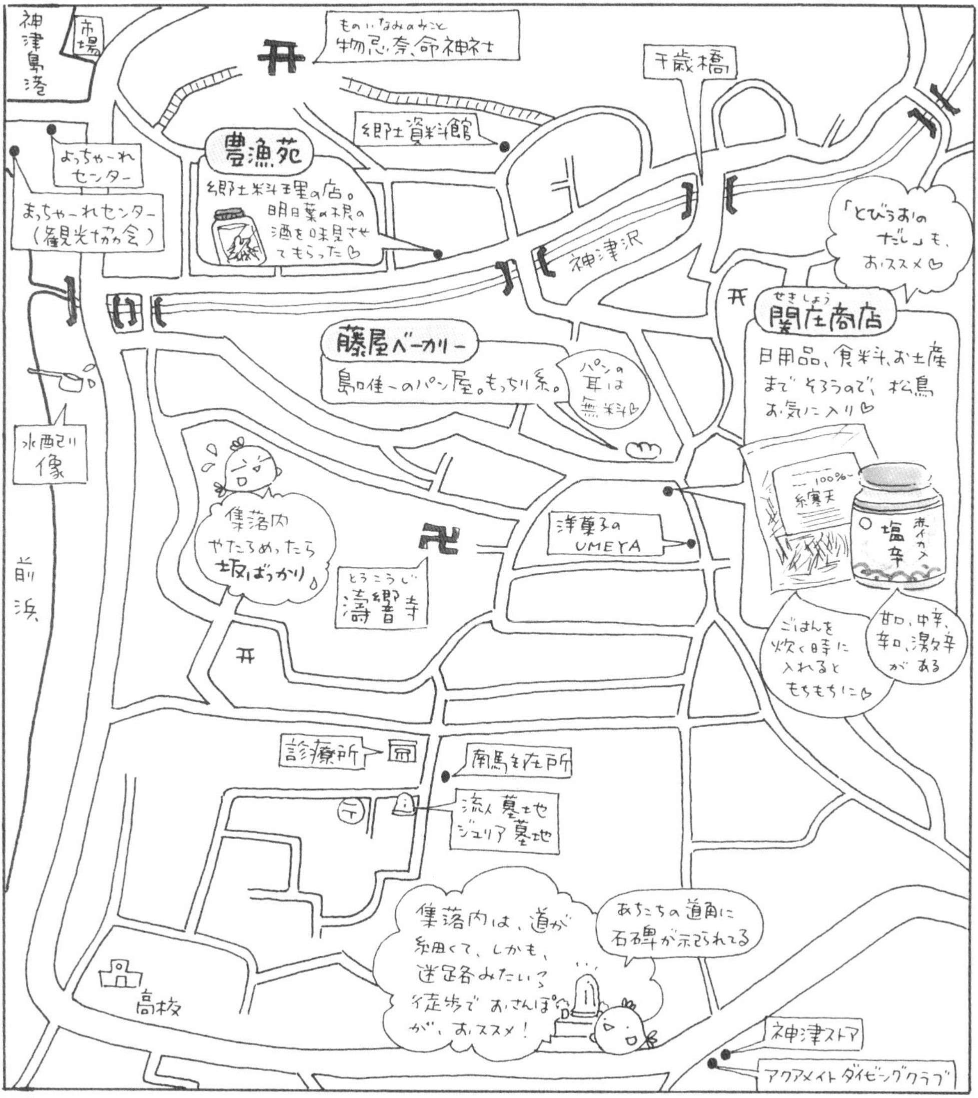

神津島港
市場
物忌奈命《ものいなみのみこと》神社
千歳橋
郷土資料館
豊漁苑
郷土料理の店。明日葉の根の酒を味見させてもらった♡
よっちゃーれセンター
まっちゃーれセンター（観光協会）
神津沢
「とびうおのだし」も、おススメ♡
関庄《せきしょう》商店
日用品、食料、お土産までそろうので、松島お気に入り♡
藤屋ベーカリー
島唯一のパン屋。もっちり系。
パンの耳は無料♡
水配り像
前浜
集落内やたらめったら坂ばっかり。
洋菓子のUMEYA
濤響寺《とうこうじ》
100%
糸寒天
赤イカ入 塩辛
ごはんを炊く時に入れるともちもちに♡
甘口、中辛、辛口、激辛がある
診療所
南馬主在所
流人墓地 ジュリア墓地
集落内は、道が細くて、しかも、迷路みたい？徒歩でおさんぽが、おススメ！
あちこちの道角に石碑が祀られてる
高校
神津ストア
アクアメイトダイビングクラブ

22.5.11
東京
神津島

神津島郵便局の風景印

その昔、伊豆諸島の神様が神津島の天上山に集まり、水の配分について話し合った。翌日、先着順で分けるコトに決まったが、利島の神様は寝坊をしたため、ほんの少ししかもらえず。腹を立てた利島の神様が暴れた時に水が飛び散り、そこから湧水が出るようになったそうな。
そんな伝説もあるからか、神津は湧水も海も透き通っていてキレイ☆
そして、山も広々ゆったり… 海も山も どちらも楽しめる島!!
漁業もさかんで、旬の味をたっぷく食ってきました〜♡♡

神津島 旬のお魚づくし

朝の10時。夜行船で神津島港に到着。

漁業がにぎわってそーやなー♡
ウミドリの乱舞↓
市場

まずは、お勉強!?

郷土資料館

(入館料 ¥300)

島の歴史を知ってから おさんぽしようと、行ったのだけれど… 神津島出身の人形作家、鈴木テル子さんの作品に、ぐぐぐ〜っと、ひきつけられた♡♡

17歳からずっと、人形作りをしていたテル子さん。数年前に亡くなられたそうな。…お会いしたかったな〜。優しくて、でもどこか切なくて… そんな感じの人だったのかな? 人形を見ていてそう感じた。

習作帳の絵も→
細かくて、淡い色づかいでステキ♡

顔や手足はなんと!! 木彫り!
人形のパーツ

島のなにげない日常から飛び出してきたような人形たち。

鈴木テル子画集 (ポストカード8枚入)

¥350

多幸湾公園ファミリーキャンプ場にてGET
←探しまくった—!

よっちゃーれ センター

1Fは、神津島の物産品がちょこちょこと。
2Fは食堂。島のお母さんたちが作ってくれる。

再び、港へ—

赤イカは5月の今が一番旬よ!! 梅雨に入ると身が細くなっておいしくなくなるのよ。

日替刺身定食

¥1000

とろりんとしたメジナ
ほんのり甘さのある赤イカ
塩がふってあるので皮ごと刺身のキンメ
身厚!!
神津島産の勝江豆腐
さっぱり〜♡
日明葉のおすまし

赤崎遊歩道

広～いタイドプールの周りを、ぐるっと木製の遊歩道で囲み、飛びこみ台（3ヵ所）まである!! 海中には魚もいっぱい♥ 自然のまんまのテーマパーク!?（シーズンオフに行くと、貸し切り状態♥）

シュノーケルセットを借りて海岸沿いをてくてくと…
1時間30分ぐらい
アクアメイトからレンタル。
3点セット ¥1050
ウェットスーツ ¥500

神津島温泉保養センター

（入浴料 ¥800
露天風呂のみ水着着用、混浴）

3種類の露天風呂（内湯から地下道を渡っていく）が楽しめる。広くて、のんびりできて、シュノーケルの後なので、身体もあったまる～♥

帰りは温泉に寄って…

なぜか、おじいちゃんと孫で来てるパターンが多かった。
✿使用後の水着用に脱水機が完備されていて超便利♥

島の夕ごはん

島の人から、おススメのお寿司屋さんを教えてもらったので、そこで、夕ごはん。
(基本的に島の人相手のお店なので、場所はヒミツ)

地物生にぎり
キンメ、ムツ
カツオ、赤イカ
うつぼの唐揚げ

神津島ではうつぼを食べる！ カリカリの中にもっちり感も。
おつまみに良い♡

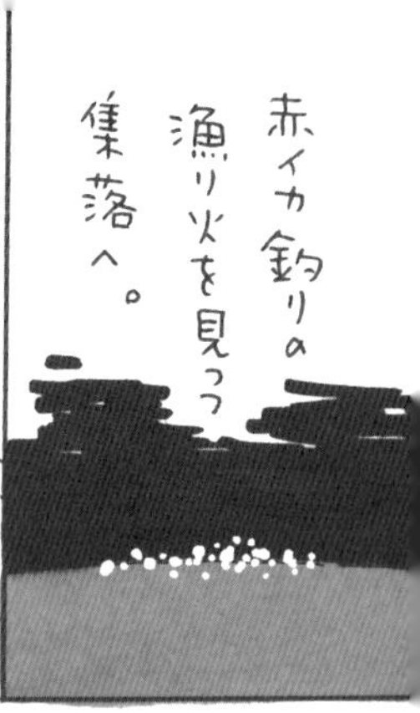

赤イカ釣りの
漁り火を見つつ
集落へ。

宿の
手前の
橋から
星と
またもや
赤イカ釣りの光

お宿 羅針盤《ゲストハウス》 ¥4500(1泊朝食付)

今後、宿営業を終了の可能性大とのコト……残念♡

自宅の1室が宿スペース。宿というよりは、友だちの家に泊まりにきた感覚。
他のお仕事も兼業されているので、余計にそう感じるのかも!?
お父さんは、神津島生まれ＆育ち(ちなみに元ダイバーでもある)。
島の昔の様子や、25日様(P.114)の話も、聞けば聞くほど、いろいろ、教えてくれた。朝食の間だけだと、時間が足りないくらい！
1泊2食にして、夜もお話を聞きたかったな〜。

生卵×しょう油にイカ刺をつけて。この食べ方、むっちゃ美味♡

朝から豪華ごはん!!

ふわっとした
あっさり白身
内地では
高級魚
タカベの塩焼き♡
赤イカは、ワタが
ほとんどないんだよ。
土産の「赤イカ入
塩辛」のワタは
スルメイカの
なんだよー(笑)
また、神津島に
来てね♡
さばいた時の
この部分を
焼いたモノ
唐辛子マヨネーズ
お父さんが釣った赤イカ

食後はぷち山登りへ

天上山

台形型の低い山だけど、山頂周辺は360度のパノラマ！砂漠地帯もあって、5月にはところどころに赤いオオシマツツジが咲いてるみたいだけど、ゆっくり回ると5時間ほどかかる♪なので、今回は黒島山まで（片道約1時間）。上りはかなり急だけど、高い木がなくて、ず〜っと見晴らしがいいから、スイスイと登れてしまう。

青い海に新緑がまぶしいなー
8合目

ティースペース だいじんこ

「だいじんこ」とは、神津弁で「大事なんや物」のコト。

帰りはジェット船。その前に早めのランチ。

前浜と天上山が一望できる高台にあるカフェ（静かな空間を大切にするため、子どもの来店は残念ながらNG♪）。
船の時間も忘れて、のんびりしてしまいそうになる（笑）。

神津島産
ところてん
¥350
たっぷりセット ¥1500
（コーヒーor紅茶、サラダイす）
カレーうどんの後に
白米を入れて♡
店内に置いてあった豆文庫♡
ほんわか絵もかわいい♡
神津島の
伝説と昔話
フルーティーな甘さ
& ピリリと辛い
トッピングの
でかミート
¥200

もう1泊したいなと思いつつ、帰ったのでした―。

おうちレシピ
くさや＆明日葉
くさや
「くさや汁」という、魚と塩で作られた醗酵食品にムロアジなどを、つけこんで作る。
臭いが超キョーレツに臭い。
あ!でも、タイの調味料「ナンプラー」好きなら、大丈夫かも。
くさや汁
八丈島
藍ケ江水産
飛魚ちぎりくさや
¥620
トビウオはプリっとしてる♡
三宅島
清漁水産
青ムロ焼くさや
¥525
焼くさや
1度素焼きしてある。
さらに細かくカットすれば臭いは気にならないよー。
一口大にすでにちぎってあるので便利。
料理が苦手でも
くさやと明日葉（粉末）は
ふだんのレシピに
付け加えるだけで
あえて、ナンプラーで味付け(笑)
野菜炒めに
「臭い」を楽しみたい人はそのままマヨネーズつけておつまみにー
松島の好きな納豆チャーハンにするとくさやの味がマイルドに♡
チャーハンに
焼きうどん、焼きそばにもアレンジO.K.♡
パスタの時は、コレを▶
オリーブオイルに島とうがらしがひたしてある
ちぎったくさや
八丈島花月堂販売株式会社
島とんがらしオイル
¥525

えこ.あぐりまーと

八丈島

明日葉 手もみ茶

(100g) ¥500

八丈島
あしたば
手もみ茶

お茶だと苦いけど…

明日葉《あしたば》

花言葉は「旺盛な活動力」

「今日、摘んでも、明日には新しい芽が出る」ほどの成長の早さから「明日葉」。

なんと！**血圧を下げたり、血液サラサラ&セルライトの排出を促したりする効能があるらしい♡**

抗酸化作用もプルーンの数倍!?

あじさい荘

青ヶ島

あしたば粉末

(50g) ¥600

西野農園

三宅島

粉末あしたば

(30g) ¥600〜

青ヶ島の明日葉じたいが**色も味も濃い**ので、この粉も味がしっかりとある。

パンやお菓子に混ぜると色あざやか♡

適量
ミルク
バター10g
卵2ケ
とろけるチーズ
チーズ
コショウ
シーチキン
あしたば粉末
適量
ホットケーキMIX 200g
ホットケーキ
炊飯器の釜

明日葉パン

よく混ぜて炊飯ボタンをポチッと押すだけ！

苦味が少なく、ミルクに入れた時、ダマになりにくい。

ハチミツ
適量
ミルク
200ml
小さじ1杯
粉末あしたば

明日葉ミルク

毎日1杯飲むだけで健康に!?

マヨネーズ
チーズ

この2点は明日葉にもくさやにも超合う♡

くさや&明日葉ピザ

明日葉チーズトースト

明日葉手もみ茶

お茶よりトッピングにする方が、苦味も生かせて良い感じ。

旅人さんとの出逢い

島旅のステキなトコロは、旅人同士が 気軽に 声をかけあえるトコロ♡ みんな 開放的に なってるからかな? これがあるから、島旅は やめられない♡

本文では ご紹介できなかった 方々です〜

道、わかりますか?
あ、でも 迷うのも 旅の楽しみですよね

式根島で 迷っていたら、声をかけて くれた おっちゃん(たぶん、式根島 リピーターさん)。
そう、そう、その通り✧
迷うの、楽しい、ですよね♡

水野ご夫妻
1〜2年に1回ほど 休みを合わせて 小笠原に 来るの

P.24で 松島が 食べれなかった 亀の煮込みを、たまたま、となりの 席にいた ご夫妻に 食べてもらった (←をいる)。それが きっかけで 今も 仲良くさせてもらってます♡

たまった マイレージで 来たの
山と 温泉が あるから

八丈島の 三原山で 出会った 「山ガール」さん。
その後、ふれあいの湯 でも 再会✧
お互いの オススメ 旅先話を しました〜。

某、急坂だらけの島で 見かけた方。

何故、この島で その格好!?

急坂に、そのヒールは、とっても 歩きにくい気が…。

伊豆諸島南部へ。

三宅《みやけ》島《じま》MAP

島へ
竹芝桟橋
大型客船（夜行船）で
約6時間40分
羽田空港
ANAで 約45分
大島
ヘリで 約20分
三宅島
旧島役所跡
伊豆諸島最古の木造建築。
庭にある ビャクシンの巨木 の
うねり具合が すばらしー！
診療所
とんとん
御笏神社
神着
岡太楼本舗
牛乳せんべい（15枚入り）を
買ったら、オマケで バラの
除品を 10枚ほど
もらった（笑）。
牛乳煎餅
お客さんの
記念撮影
用に 作った
コーガ石の
牛さん
入口にいるよー
朝日スポット
釜の尻
海水浴場
椎取神社
ひょうたん山
三七山
サタドー灯台
危険区域
坪田
高濃度
地区
三池港
空港
火山ガスレベルが 高くなると、使用できない。
空の便は、欠航率高し！
海猿隊
坪田
ハート会
お土産が そろっている商店。
店オリジナルの
どくだみ入り
化粧水 &
石けん etc
しっとり & さっぱり
HEART
化粧水
築穴製菓
高校
長太郎池
タイドプール。
シュノーケル ポイント♡
ガスマスクは、竹芝桟橋の
「ショップ竹芝」や、観光協会で
販売中。強制はされないけど
自己責任で きっちりと一。

三宅島伊ヶ谷郵便局の

21. 10. 30
東京・三宅島・伊ヶ谷
三宅島は、4つの局
すべて違う絵柄♡

風景印

噴火が何度も起こっている活火山の島。1番最近は 2000年で、今も**火山ガスが発生中**。立入規制場所もあり、ガスマスクの携帯が必要（高濃度地区は車通過のみ、下車不可。風向きで濃度が変わるため、24時間体制で警報が流れる）。

かと思えば、**原生林豊**かなトコロもあり、野鳥も多い「**バードアイランド**」だったり♡

噴火から島ができる様子や 自然の生産力、そして 少しだけ、島の人の想いに触れて、いろいろ考えさせられたのでした。

（ちなみに、江戸時代は流人の島。しかも、主にハレンチ罪、笑）

御祭神社 & 満願寺

一周道路から少し脇に入っただけで、**原生林の森**が広がる!!
どの巨木も、すべて神々しく見える
松島的に、三宅島で1番の**パワースポット**

島内で

車で約1周1時間

赤じゃり公園

イルカが生えてる!

ふるさとの湯 & ふるさと味覚館

硫黄の色、香りで、ちょっぴり、しょっぱい温泉。
露天風呂もあり
「味覚館」では、島料理が食べられるよ。

伊豆岬灯台

見晴らし最高!
昼すぎに行くと、青い海を走る、白い東海汽船の船が見えて絵になる。
5月頃には、**ウチヤマセンニュウ**が飛来する。

カメノテ

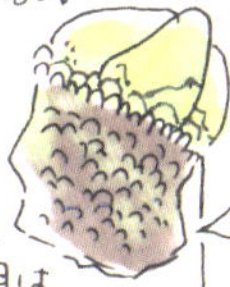

海辺の岩に群れて、くっついてる貝の一種

亀の手に似ているから付いた名前。見た目はグロいが、美味。

みそ汁に入ってきた

食べる部分。
カニ風味!?

阿古小・中学校溶岩埋没跡

大久保浜
小中学校
警察署
小金井小次郎の井戸
伊ヶ谷漁港
伊ヶ谷
夕景浜
立入禁止区域
阿古
郷土資料館
三宅村役場
牧場跡
海楽
阿古林道
大路池
迷子椎
観光協会
GS
和 ~nagomi~
富賀神社
錆ヶ浜港
夕日スポット
メガネ岩
夕日スポット

黒岩の断崖。
黒と夕日のオレンジ色のコントラストで**黄昏度UP**
メガネ岩の間から見えるのは、大野原島。**カンムリウミスズメ**(国の天然記念物)の生息地。

ノリの良いSTAFFさん
お客さん手作りのアカコッコ着ぐるみ!

アカコッコ館

STAFFさん(野鳥の会の方)が、**超ていねいに教えてくれる!**
三宅島の鳥のコトは　もちろん、植物についてもO.K.

大きくなったらアカコッコ館で働くの~

鳥好きの島の小学生。
通称　トリちゃん。
鳥くんとも　お友達だとか~。

三宅島 火山と再生

三宅島着は 朝の5時!!

年中、釣りをしに来る おっちゃん多し!
ボー
まだ暗い 暗い。

本日の宿「和」で 車を借り……

格安で貸してもらえる!

お腹を満たしたら 噴火の跡をたどりに……

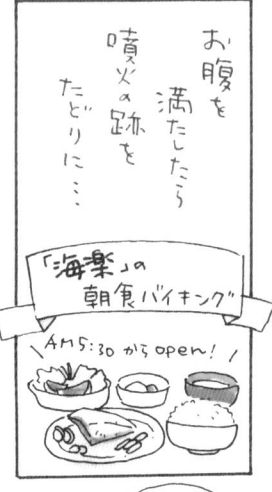

「海楽」の 朝食バイキング

AM5:30からopen!

坪田高濃度地区

火山ガス高濃度地区のため、未だ住むコトを許されていない地域。空き家の壁に書かれていた言葉に胸がぎゅーっとなった。

三宅村と
このまちは火山学者にすてられた。
老いたんはどこえ行く

椎《しい》取《とり》神社

2000年の噴火の影響で埋まってしまった鳥居。ものすごい量の火山灰だったんだろうな〜。

阿古小・中学校溶岩埋没跡

こちらは、1983年の噴火で溶岩に埋まってしまった阿古地区と、旧阿古小中学校跡。割れた窓ガラス、本棚に入ったままの本、体育館は屋根が壊れ、折れ曲がった鉄筋が…。

かなり広範囲に広がる溶岩の下には、旧阿古地区が丸ごと埋まっている。

そんな上に立って、溶岩で真っ黒な景色を見ていると、別世界にいるような気分になった。

近くにあった おじ蔵さま。 風車の音が せつなかった。
カラカラカラ……

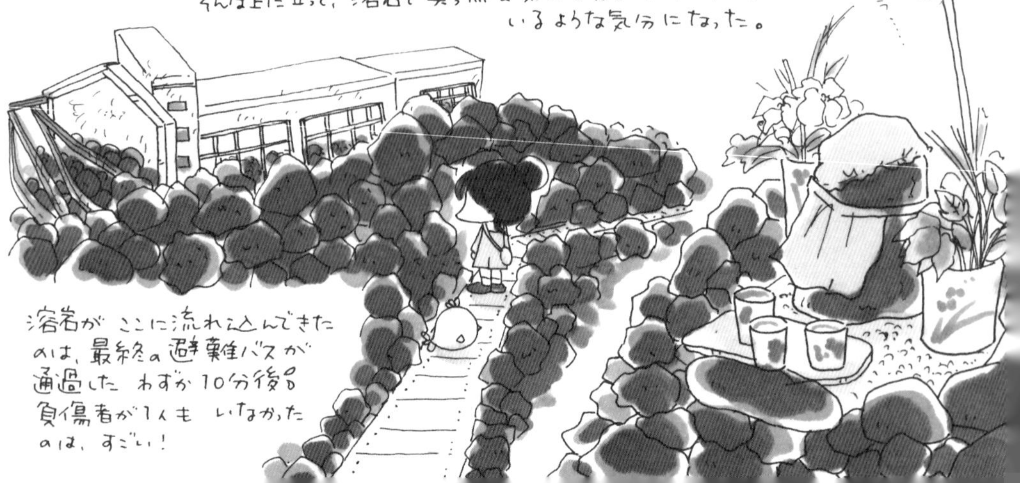

溶岩がここに流れ込んできたのは、最終の避難バスが通過したわずか10分後。負傷者が1人もいなかったのは、すごい!

牧場跡

そこは、まるで空襲後の焼け野原のような景色だった。火山灰に覆われて一面真っ黒。その灰の中には、コンクリートのかけらや鉄が埋もれていて、木々は、枯れ果てて…。自然って怖い。でも、火山のくり返しで島ができて、日本ができて … そう思うと、自然の誕生を見ている感じもした。

島の人から、阿古林道で山頂付近まで車で行けるようになったと聞き、行ってみた!!

ドキドキ…
しばらくいると火山ガスで頭痛が…
マスクを持ってなかった

お宿 和 ~nagomi~ ¥7500(素泊まり1人1泊)~

2名以上から受付

ポストもガスで
腐食しちゃって
脱硫装置
ガス発生の放送が流れたらこれと、エアコンをつけてくださいねー

1日1組限定の貸切宿。一軒家丸ごと宿なので、別荘気分♡ キッチン用具も洗濯機も完備! 素泊まりだけど、アメニティも、ほぼそろっている。
夕食は島の各商店で気になったモノを買ってきて、勝手に**島ごはん**♡

夕食は宿で自炊!?

雄山一(700ml)¥2100
三宅島の島焼酎
海鮮丼 ¥680
島唐辛子醤油
(150ml)¥500
ピリ辛で何にでも合う
島のもめんどうふ
¥180
カステラ揚げ
¥350
ジャンボさつま揚げみたい
カサガイ
(1盛)¥900
三宅島産 カツオの刺身 ¥546
歯ごたえあり! サザエみたいな味

もちろん、夜中にも放送が…
こちらは防災三宅村役場です
火山ガスの…
阿古地区 レベル2…

釜の尻海水浴場

朝日スポットだが、実は**ペリドット**（8月の誕生石）が浜で拾えるかも!? と聞き、探してみた!
ん－。どれが、ペリドットなんだか。さっぱりわからず（笑）。

朝日を見るため、
この日も
超早起き!!
ねむ〜い

さて、本日のメインイベントは

体験ダイビング@大久保浜

Diving Team 海猿隊

¥13000（器材レンタル込み）

大久保浜は黒砂利のビーチでダイビング初心者にも丁度良いポイント。ちょっと潜っただけで小さいのから大きいのまで…魚だらけ!!
うを――ッ♥♥（←大コーフン!!）
水面を見上げると、ブルーのグラデーションと自分の息の泡と、太陽の光がキラキラ☆
自分がカナヅチなコトをすっかり忘れるぐらい気もちのいい60分間だった♥ あ〜、ずっと、魚さんたちと漂ってた――い♥

木造建てなど、ちょっぴり風情ある港町

三宅の海は、噴火後、
数年間、人が海に
入らなかったから、
その間に、
原始の海みたいに
再生したの
ニックさん（日本人）
桃子さん
ワン
ワン
←犬のデューク

お♡
目が合った♡
ずっと、後ろに付いて来た♥
クマノミ城

ちなみに桃子さん手作りのしそジュースは
絶品♥

さわやか〜な甘さ
3杯も頂きました♥

むっちゃ、腹が減ったので昼食はがっつり!!

とんとん

チーズギョーザ ¥550

とんとんメン ¥800

丸いチビチーズ入り
スパイス効いてる♡

ちぢれ気味の細麺で、トンコツだし。ゴマ味と唐辛子のピリ辛が合う♡

岡太楼本舗

『とんとん』近くの、牛乳せんべい屋さんへ。

（牛乳せんべい 15枚入り ¥600～）

ココのおっちゃんは、いつも、この Tシャツ。→

よみがえれ
三宅島

数年前に三宅島に来た時、同じTシャツを着た島のおばちゃんが言ってた。「**東京の排気ガスを吸うくらいなら、三宅の火山ガスを吸ってたほうが、よっぽどいい！**」と。
三宅の人の気もちが伝わるひと言。

その後 大路《たいろ》池の森へ…

迷子椎

噴火を司る神が宿る神木だとも言われている。
焼け野原のような場所がこんな風に緑に覆われるのは、何年後なんだろう…。

密林に入ってしまっても、この木を目標にすれば助かると言われ**「迷子椎」**と呼ばれている。

次の日 お昼の船で帰路についた。

火山ガス
パクッ

唯一心残りが…

が!!

築穴《ちくあな》製菓

昭和レトロなパッケージ♡
パンとお菓子
築穴製菓
パピロ
¥120

ふつうのミルククリームパンの名前が…なぜ、**パピロ!?** 店の人に聞いても「わからない」と言われた。気になって仕方ない。

御蔵島《みくらしま》 MAP

島へ

竹芝桟橋 —— 大型客船(夜行船)で 約7時間40分 → 御蔵島

三宅島 —— ヘリで約10分 → 御蔵島

島内で

御蔵島港 —— 車で 約30分 → 南郷

注 島内にレンタカーはないので、ガイドさんや知人の車に乗せてもらうか徒歩移動で。
坂が多いため、自転車の使用は禁止されている。

草祀《くさまつり》神様《がみさま》

この神社より奥へ行く時は石の下に葉っぱを置いて安全祈願を。下山時には必ず葉を捨てるコト。下山しているかどうかを確認するため、昔から行われているコトのひとつ。ちなみに、御蔵島は神道の島。

注 山は、ほとんどのコースがガイド同行必須! 観光協会などに前もって予約を!!

カツオドリの巣がある

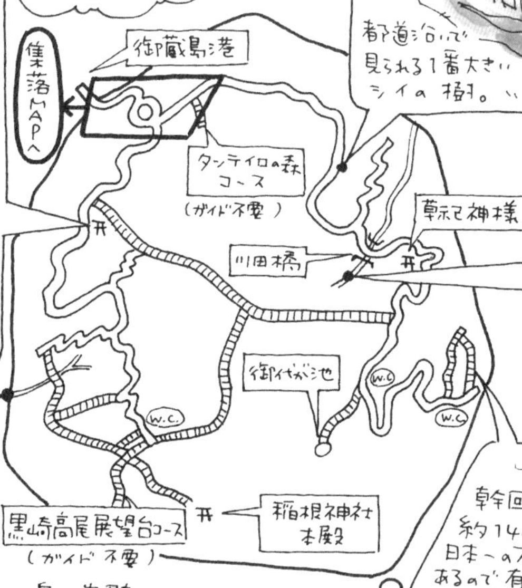

集落MAPへ
御蔵島港
タンテイロの森コース
(ガイド不要)
草祀神様
川田橋
御代ヶ池
W.C.
W.C.
W.C.
黒崎高尾展望台コース
(ガイド不要)
稲根神社本殿

伊奈佐のシイノキ

都道沿いで見られる1番大きいシイの樹。

川田

島の水源となっている沢。オオウナギが棲息してるらしい!?

白滝

落差80m

東海汽船の船上からや、イルカウォッチングの時に見える。

島の岸壁には小さな滝がいっぱい!

御蔵の森は水を貯めにくい土地だからだとか。

南郷

幹回り約14mの日本一のスダジイがあるので有名。昔は、集落もあった場所。この近辺の明日葉は特に美味らしい。

22. 5. 23.
鯨 御蔵島

御蔵島郵便局の風景印

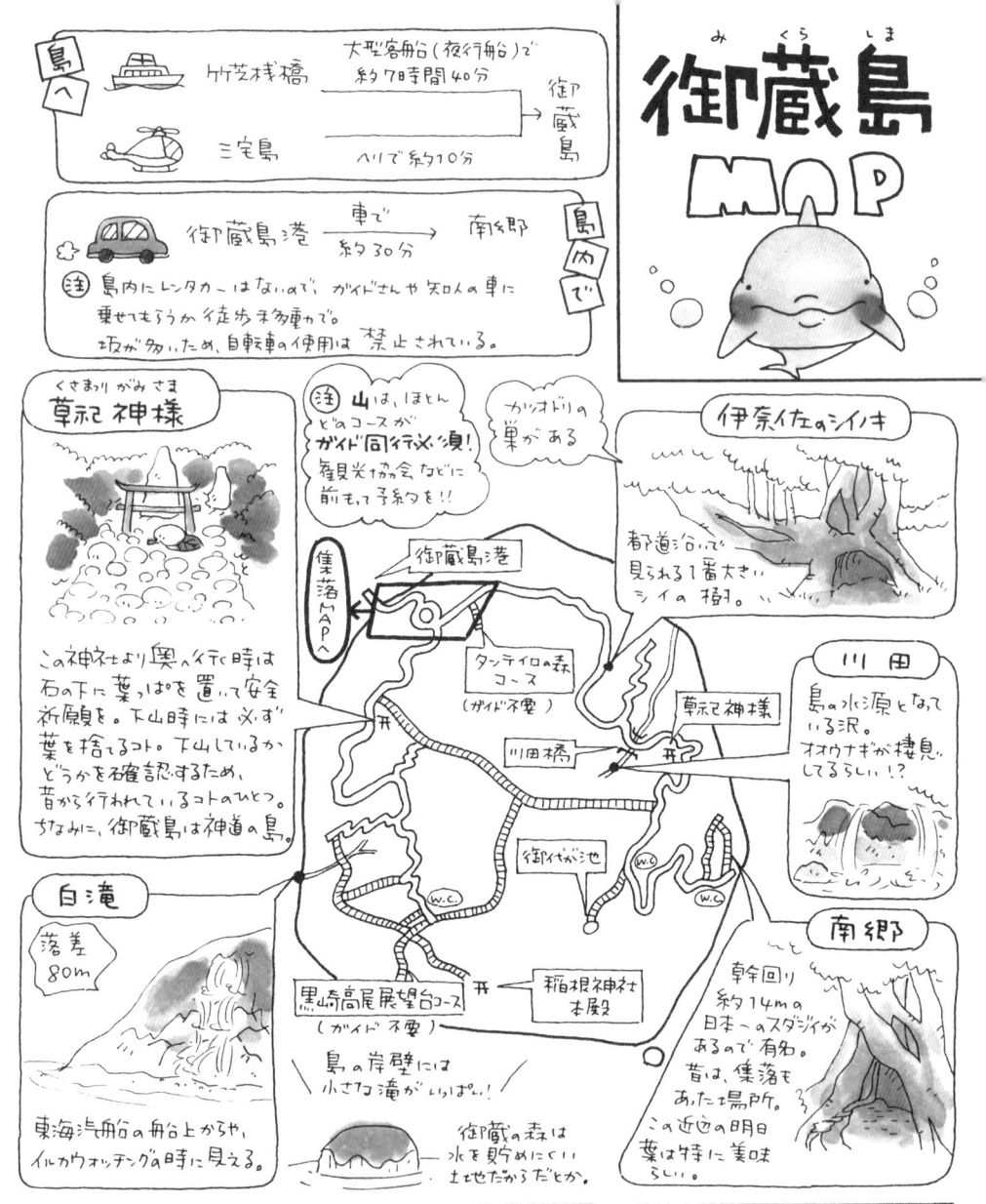

利島と同じく、船の就航率が超低い島。しかも、黒潮が桟橋あたりにぶつかっているコトもしばしばで…ほぼいつも"条件付き"(P.119)での運行になっている。着くか着かないかドキドキ♪
島の周りにはイルカが住みついていて、森の中には巨木がありまくり!!
変わった生態のカツオドリ(オオミズナギドリ)も営巣していて…と、
自然の宝庫☆ 神様の御蔵として作られた島という伝説があるのもうなずける。
海と山の神秘を、たっぷり見て感じた旅でした♡

集落MAP

御蔵島港 —徒歩で 約20分→ タンテイロの森入口

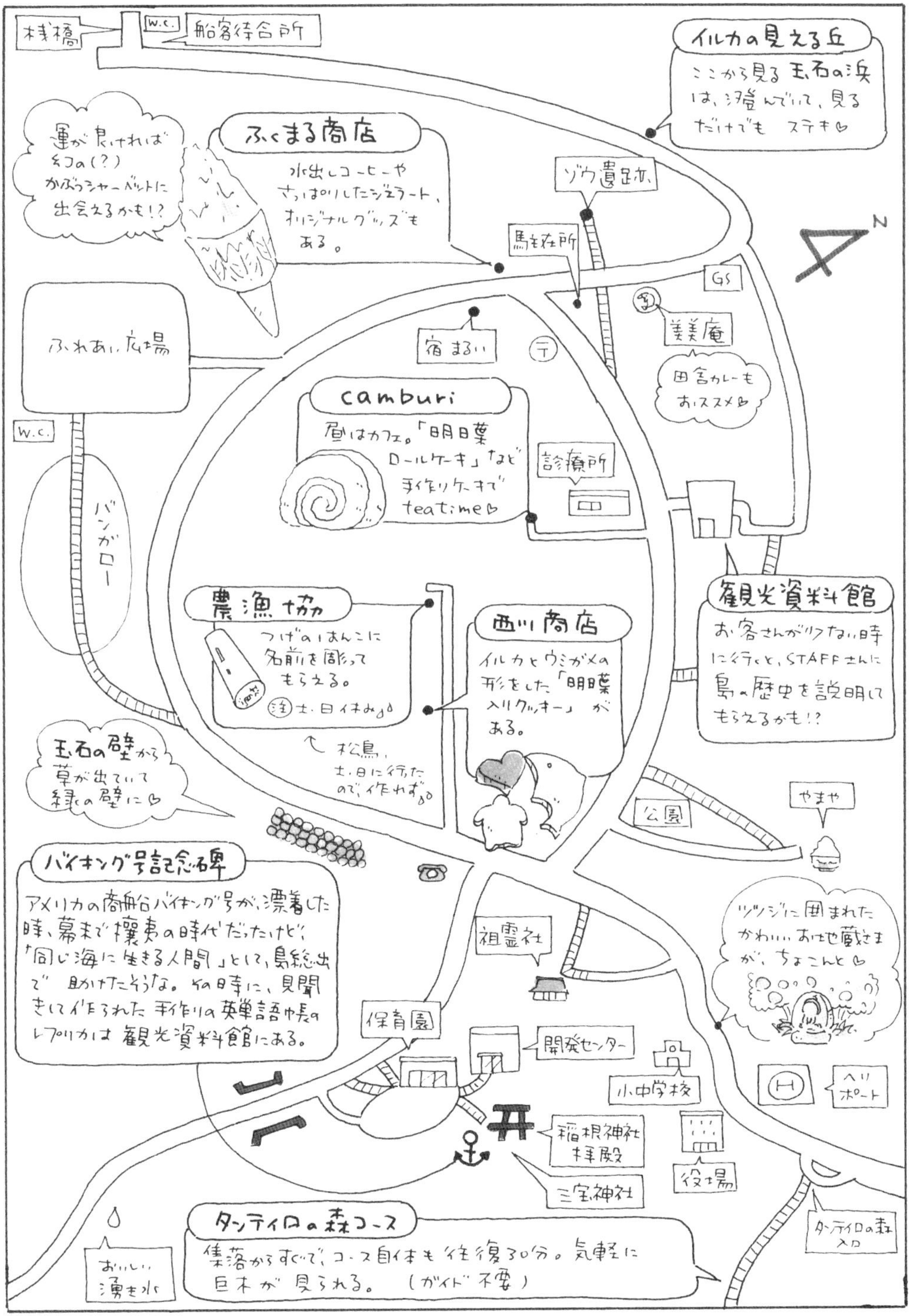
桟橋
W.C.
船客待合所
イルカの見える丘
ここから見る玉石の浜は、澄んでいて、見るだけでもステキ♡
運が良ければ幻の(?)かぶつシャーベットに出会えるかも!?
ふくまる商店
水出しコーヒーやさっぱりしたジェラート、オリジナルグッズもある。
ゾウ遺跡
駐在所
GS
美美庵
田舎カレーもおススメ♡
宿まるい
ふれあい広場
camburi
昼はカフェ。「明日葉ロールケーキ」など手作りケーキでteatime♡
診療所
W.C.
バンガロー
観光資料館
お客さんが少ない時に行くと、STAFFさんに島の歴史を説明してもらえるかも!?
農漁協
つげのはんこに名前を彫ってもらえる。
注 土・日休み。
松島、土・日に行ったので、作れず。
西川商店
イルカとウミガメの形をした「明日葉入りクッキー」がある。
玉石の壁から草が出ていて緑の壁に♡
公園
やまや
バイキング号記念碑
アメリカの商船バイキング号が漂着した時、幕末で攘夷の時代だったけど、「同じ海に生きる人間」として、島総出で助けたそうな。その時に、見聞きして作られた手作りの英単語帳のレプリカは観光資料館にある。
ツツジに囲まれたかわいいお地蔵さまが、ちょこんと♡
祖霊社
保育園
開発センター
小中学校
ヘリポート
稲根神社拝殿
三宝神社
役場
タンテイロの森コース
集落からすぐで、コース自体も往復30分。気軽に巨木が見られる。(ガイド不要)
タンテイロの森入口
おいしい湧き水

御蔵島 イルカとカツオドリ

朝、6時
「条件付き」は
かかったのに
タラップも
ん!?
条件付きの
ままでは
ありますが…
解除に
ならんのかク.
御蔵島港に
入港いたします
御蔵島に
無事、到着

宿に
荷物を置いて
うわーっ♡
むっちゃ
透明やて
キレーーイ
集落内は
坂
ばっか
あるイミ
準備体操
早朝の
おさんぽ

イルカ　ウォッチング

広栄丸
1回（2時間）　¥7000
3点セット　1日 ¥1500
ウェットスーツ　1日 ¥2000

8時30分
出発!!

注 ツアー船は漁船なので、凪でも、酔い止めの服用をおススメします!!

御蔵島の周りには 150～200頭のイルカが定住している。
船長の合図とともに海に入ると、四方八方イルカだらけ✨
シュノーケルで浮いてるだけでも、正面、真横、真下をイルカが
「キュ キュ」と鳴きながら通っていってくれる♡ 潜れなくても充分
しあわせ～♡ この日は、ベタ凪だったので、島1周クルージング
付き!!（初シュノーケルの人は、練習してから来島がおススメ）

浮いてるだけで
囲まれたー♡

イルカウォッチングの後はランチとお買い物へ♡

美美《みんみん》庵《あん》

元気なおじちゃんとおばちゃんがやっている食堂兼お土産屋さん。

明日葉ホーロク焼（4個入）
¥450

みくら
みくら

御蔵島の各家庭で作られているお菓子。クッキーとスコーンの合いの子ってかんじ。

お…重い
店にあった獲れたてシイラ
群馬から伝わったお菓子なのよー
和紙&手刷り♡
御蔵島村
東京都

UTSUBO 御蔵島ハガキ
1枚 ¥250

食事処 やまや

御蔵の天然水で作った氷は超ふわふわ♡

あずき抹茶
ミルク ¥550

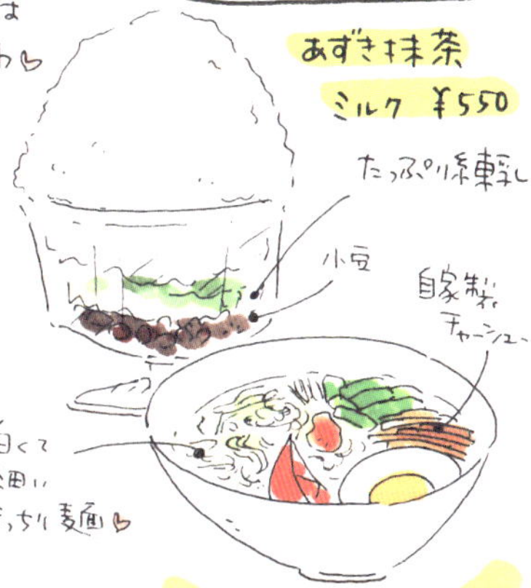
たっぷり練乳
小豆
自家製チャーシュー
白くて細い もっちり麺♡

梅しそ冷麺 ¥1000

うをーっ!!
真正面からきたーッ
迫力～♡
すげー
正面からくると、ぷりぷりと まるっこい♡
「イルカ＝海豚」の文字に納得ッ!
時々、アオウミガメも泳いでた

お宿　民宿《みんしゅく》 宿 まるい　¥9500（1泊2食、1室1名利用）

内地だと高級魚だ！
シマアジは脂がのってうまいぞー！
「まるい」のお父さん

イルカウォッチングの**広栄丸**の船長さんが家族で経営している宿。
（御蔵島では、バンガロー宿泊以外、宿によってイルカウォッチング船が決められている）
朝、夕の食事には、お父さんが釣ってきた、獲れたてピチピチのお魚が並ぶよ〜♡

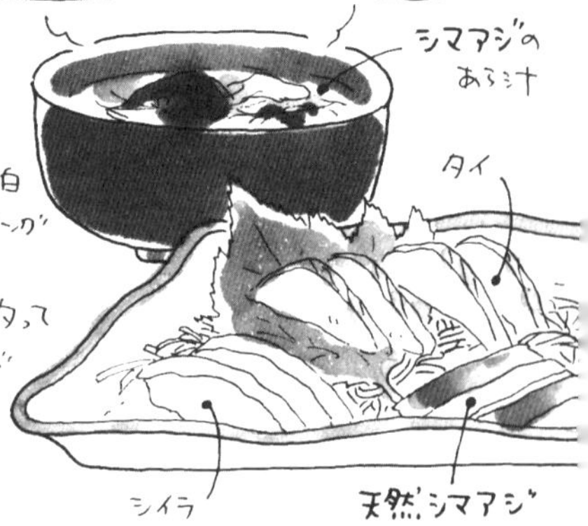
シマアジのあら汁
タイ
シイラ
天然シマアジ

…と、いうわけで
2人増えました〜
みんな一緒にGO!!
スペシャルオレンジさんの車

ー夕食後
ナイトツアーで鳥を見に行くねんー
わー私も行きたーい
あーアタシもー
ぱんちゃん
あいちゃん
同宿&1人旅同士

ナイトツアー

（スペシャルオレンジ ¥2500）

3〜11月は、御蔵の森に70〜100万羽営巣している海鳥のカツオドリ（オオミズナギドリ）が夜になると鳴きながら森へ帰ってくる。
その不便で、かつ、命がけな帰還の様子を超間近で見られるからビックリ♪

飛び立つのも下手で木の高い所まで登ってそこから落下して飛ぶ。
とてとて…
毎日登るので幹のコケがとれて、白くなっている。

うまく着地ができないらしく、木にぶつかって落下するのがカツオドリの着地方法。
ズサササー！
ボテ
落下直後の脳しんとう状態中。
ボ〜〜ッ
フラッシュにも気づかない
ホンマ動かへんなー
パシャ
パシャ
パシャ
キャーかわいー♡
頭がハッキリすると歩いて臭いと目で自分の巣を探しに行く。
ペタ
ペタ
地道やなー

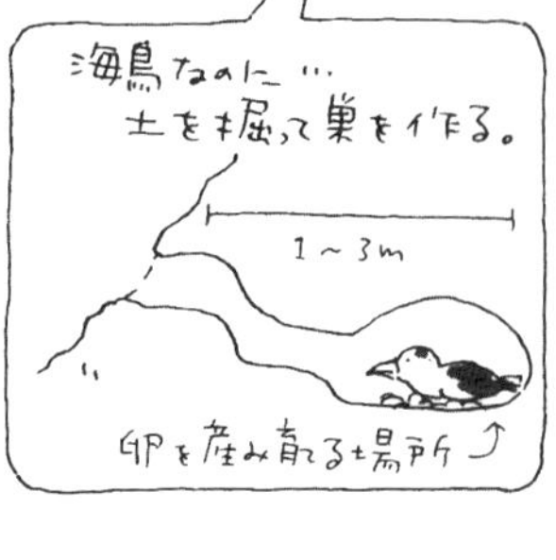
海鳥なのに…土を掘って巣を作る。
1〜3m
卵を産み育てる場所

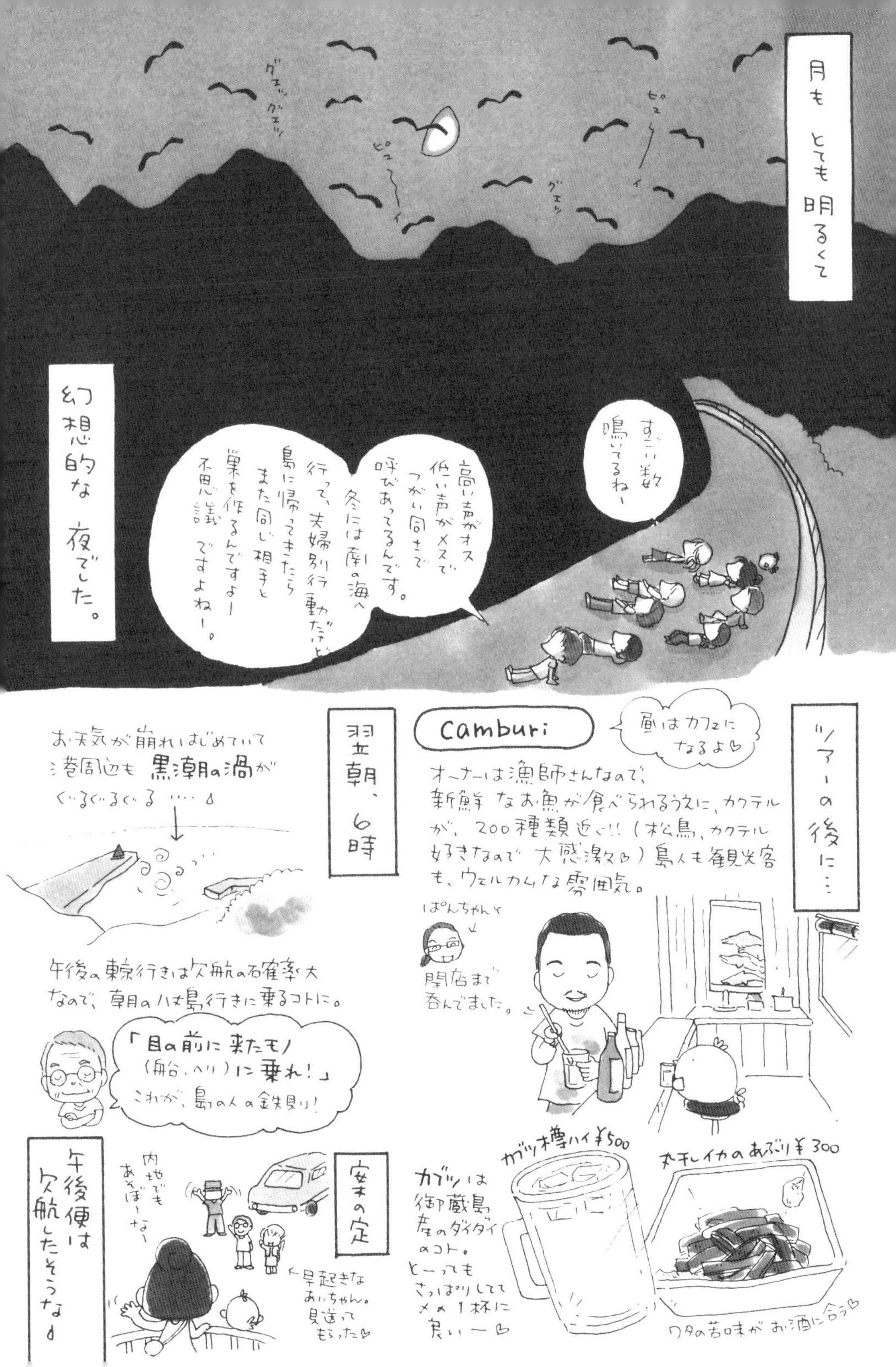

月も とても明るくて
グエッ グエッ
ピュ〜〜イ
ピュ〜〜イ
グエッ
すごい数 鳴いてるね〜
高い声がオス 低い声がメスで つがい同士で 呼びあってるんです。冬には南の海へ 行って、夫婦別行動だけど 島に帰ってきたら また同じ相手と 巣を作るんですよー 不思議ですよねー。
幻想的な 夜でした。
ツアーの後に…
camburi
昼はカフェになるよ♡
オーナーは漁師さんなので、新鮮なお魚が食べられるうえに、カクテルが、200種類近く!!（松島、カクテル好きなので大感激♡）島人も観光客も、ウェルカムな雰囲気。
ぱんちゃんと
閉店まで呑んでました。
ガブッ樽ハイ ¥500
カブッは 御蔵島 産のダイダイ のコト。 と〜っても さっぱりしてて 〆の1杯に 良い〜♡
丸干しイカのあぶり ¥300
ワタの苦味がお酒に合う♡
翌朝、6時
お天気が崩れはじめていて 港周辺も 黒潮の渦が ぐるぐるぐる……♪
午後の東京行きは欠航の確率大 なので、朝の八丈島行きに乗るコトに。
「目の前に来たモノ（船、ヘリ）に乗れ！」これが、島の人の鉄則！
午後便は 欠航したそうな♪
内地でも あそぼ〜な〜
案の定
←早起きな あいちゃん。見送って もらった♡

八《はち》丈《じょう》島《じま》MAP
登龍峠
登龍峠展望台
蛇行が続く坂道。安全運転で〜。
ポットホール
自然の段々風呂みたい♡
みはらしの湯
広〜い海を眺めながら露天風呂。
未舗装の道。けっこう悪路!?
末吉商店
アルミ缶マッチ
レトロかわいい＋湿らない♡
末吉
洞輪沢温泉
汐間温泉
潮の干満を見て、自分で作る海中温泉。
三原山
大賀郷側からの道は階段ばっかりであきる。
入口の小さな池が、とっても神秘的な雰囲気。
唐滝
滝の手前はけっこう悪路。
地熱館
キーホルダー作成が意外と楽しい♡
えこ・あぐりまーと
かき氷ミックス
レモン、ハイビスカス、パッション
人捨穴
姥捨て穴とされていた洞穴
樫立
中之郷
バリアフリー!
ふれあいの湯
服部屋敷跡
めゆ工房
古民家喫茶 中之郷(p.102)
裏見ヶ滝
裏見ヶ滝温泉
滝を裏から見られる♡コケがキレイな散策路。
大坂トンネル
いそざきえん
富次郎商店
唐滝までの詳しいお手製MAPをもらえるよ!
3年漬けた昔のたくあん
ブルーポート・スパ ザ・BOON
やすらぎの湯
足湯きらめき
夕日スポット
黒砂(六日原砂丘)
絶壁。
絶景だけど
山道を20分ほど歩くと黒砂とパノラマの景色が広がってるよ!

島へ
竹芝桟橋
羽田空港
大型客船（夜行便）で
約11時間
ANAで 約50分
八丈島
島内で
車で1周
約1時間30分
N
八丈富士
断面図はこんな感じ。火口に吸いこまれそー。
八丈島の玄関口
底土港
ここからの底土港の眺めは最高ー♡
八丈小島が大きくキレイに見えるトコロ。
三根
（P.94へ）
戦時中、地上戦に備え、あちこちに掘られた防空壕跡がいっぱい。
町役場
八丈島空港
八丈富士側と町側、どちらも眺め良し♡
大賀郷
（P.95へ）
防衛道路
銀河荘
今は無人島
八丈小島
空間舎（P.103）
ふれあい牧場
自販機で販売中
八丈牛乳
八重根港
なぜか巨大ドラえもん!
八重根漁港
青ヶ島行きの還住丸はココから出る!
八丈島も各郵便局ごとに絵柄がちがうよ。

21. 11. 4.
東京
三根

三根郵便局の風景印

江戸時代、多くの政治犯が流された八丈島。島人は、そんな流人を差別するコトなく受け入れたことで、**島の文化と流人が持ち込んだ文化**が混ざりあって、今も大切に受け継がれている。それが、樫立踊りだったり、八丈太鼓だったり…。そして、今は、八丈島に**移住**する人も多い。飛行機で羽田まで45分という好立地だから!? そのためか、島内は、予想していたより都会（高層ビルとかはないけどね）。**伝統と新しいものがミックス**された島をぐるぐる回った旅でした。

三根MAP

YAMADAYA —自転車で 約15分→ 八丈民芸やました

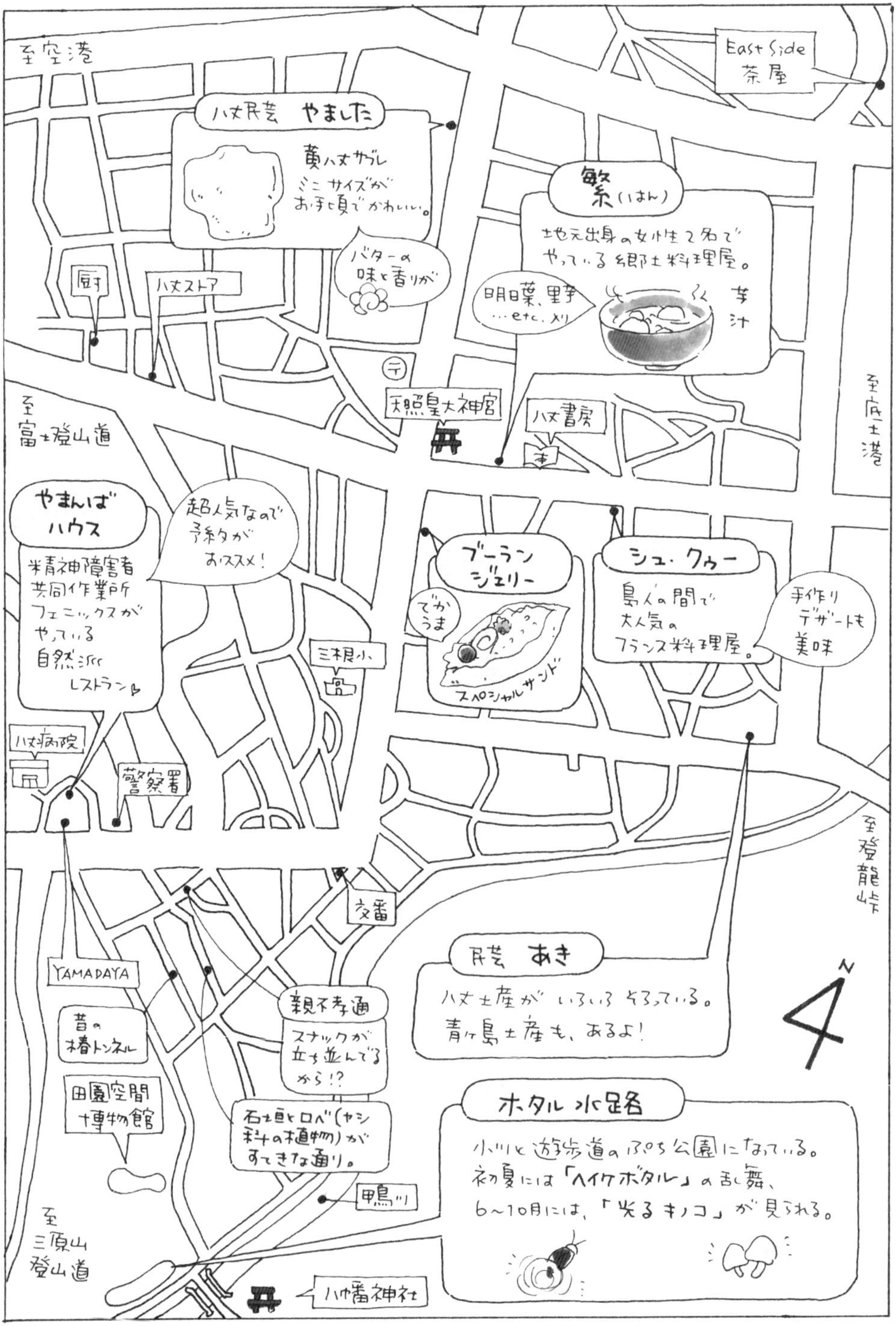

至空港
八丈民芸 やました
黄八丈サブレ
ミニサイズがお手頃でかわいい。
バターの味と香りが
East Side 茶屋
繁(はん)
地元出身の女性2名でやっている郷土料理屋。
明日葉、里芋…etc.入り
芋汁
厨
八丈ストア
〒
天照皇大神宮
八丈書房
至富士登山道
至底土港
やまんばハウス
※精神障害者共同作業所フェニックスがやっている自然派レストラン♪
超人気なので予約がおススメ!
ブーランジェリー
でかうま
スペシャルサンド
シュ・クゥー
島人の間で大人気のフランス料理屋。
手作りデザートも美味
三根小
八丈病院
警察署
交番
至登龍峠
YAMADAYA
昔の椿トンネル
親不孝通
スナックが立ち並んでるから!?
田園空間博物館
石垣とロベ(ヤシ科の植物)がすてきな通り。
鴨川
民芸 あき
八丈土産がいろいろそろっている。
青ヶ島土産も、あるよ!
N
ホタル水路
小川と遊歩道のぷち公園になっている。
初夏には「ヘイケボタル」の乱舞、
6~10月には、「光るキノコ」が見られる。
至三原山登山道
八幡神社

大賀郷MAP

町役場 自転車で 約10分 → 八丈高校

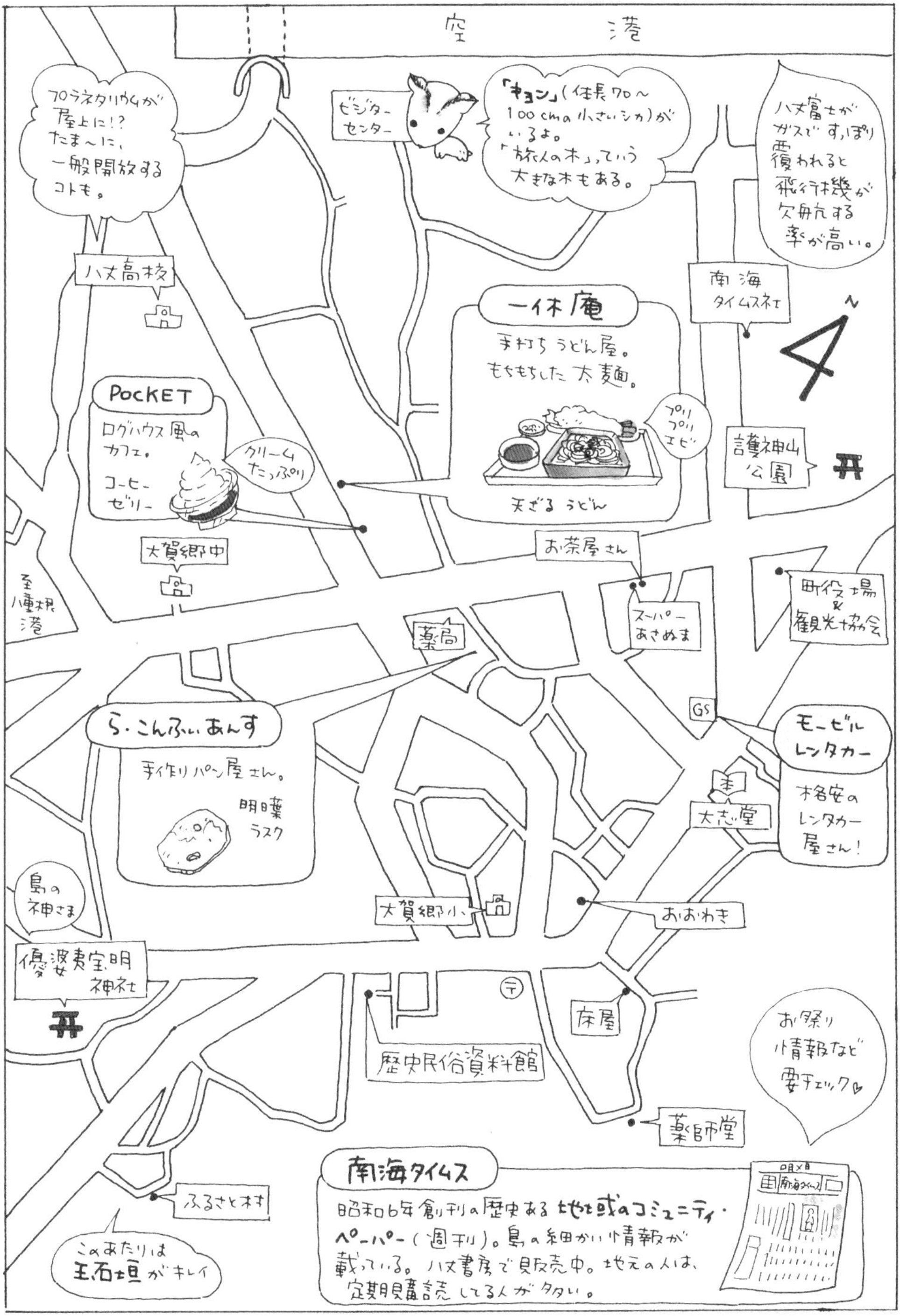

空港
プラネタリウムが屋上に!? たま〜に、一般開放するコトも。
八丈高校
ビジターセンター
「キョン」（体長70〜100cmの小さいシカ）がいるよ。「旅人の木」っていう大きな木もある。
八丈富士がガスですっぽり覆われると飛行機が欠航する率が高い。
南海タイムス社
一休庵
手打ちうどん屋。もちもちした太麺。
プリプリエビ
天ざるうどん
POCKET
ログハウス風のカフェ。
コーヒーゼリー
クリームたっぷり
護神山公園
大賀郷中
お茶屋さん
至八重根港
スーパーあさぬま
町役場&観光協会
薬局
GS
モービルレンタカー
格安のレンタカー屋さん!
ら・こんふぃあんす
手作りパン屋さん。
明日葉ラスク
大志堂
島の神さま
大賀郷小
おおわき
優婆夷宝明神社
床屋
歴史民俗資料館
お祭り情報など要チェック♡
薬師堂
ふるさと村
このあたりは玉石垣がキレイ
南海タイムス
昭和6年創刊の歴史ある地域のコミュニティ・ペーパー（週刊）。島の細かい情報が載っている。八丈書房で販売中。地元の人は、定期購読してる人が多い。

八丈島
昔さんぽと島ごはん

島に着いてすぐ宿で、自転車を借りて……

玉石垣の道

八丈小島

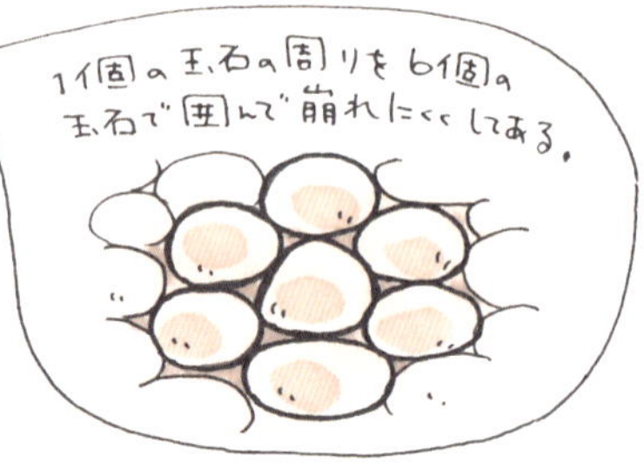

1個の玉石の周りを6個の玉石で囲んで崩れにくくしてある。

大里のバス停付近には、昔ながらの**玉石垣の道**が残っている。とっても絵になる静かな通り。
昔、玉石1個につき、おむすび1個の報酬で流人が運んだそうな。

八丈島歴史民俗資料館

（入館料　¥360）

旧東京都八丈庁舎を利用した資料館。古い木造の、ちょっと湿った香りがして昭和初期にタイムスリップした感覚になる。

縄文時代のジオラマ

鹿児島からの流人が芋焼酎造りを伝授したなど、流人と島民の生活や交流が描かれたコーナーは　わかりやすくて好き♥
島民が流人を差別するコトなく受け入れた様子が　よくわかる！

裏道(?)で見つけた床屋前で
三髪
わいいが!?
一髪
やらせろ!?
……
方言かしらねー？
八丈には5つの方言があるのよー
同じ島なのに何言ってるかわかんないのよー
床屋のは方言じゃないと思う……

こんにちは
知らない人にもごあいさつ
↱「昔の日本は、コレが当たり前だったのに…
同じ東京とは思えへん文句や～
天然もの干し!?
大根と一緒に漬けるとおいしいのよ～
こっちの裏道もなかなかステキ♡
みかんの皮

ランチは
郷土料理屋さんで

おまかせ御膳
¥1500

トビウオのさつま揚げ
ぷりぷり
明日葉天ぷら
杏仁豆腐
みそ汁
刺身
豆腐サラダ
ごはん
お新香
マグロと野菜のゆでたモノ

厨《くりや》

魚屋さんがやってる郷土料理屋（民宿「富士久」も併設）。島の味を、ちょっとずつ何種類か食べられて満足♡

富士久厨の
島とんがらし味噌 ¥900

富士久 厨の
島とんがらし
味噌

女将の手作り。
はじめは、ちょっぴり甘くて、後から、ピリピリくる。
生野菜につけたり、みそ汁や炒め物にも合う♡

YAMADAYA

島焼酎の試飲がいろいろできる酒屋さん。
世界各国のビールや、ワインも種類豊富♡
おつまみ系のお土産も充実しているので、お気に入り♡

気が早いけど
お土産を
物色♡

八重根のおばちゃんの
島唐辛子 ¥315

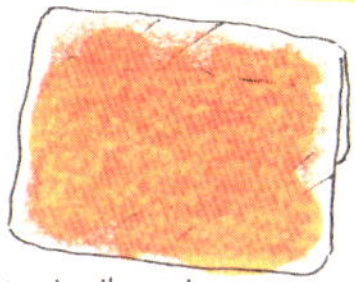

パウダー状。
少量でも、かなり辛い！
マヨネーズに混ぜるのがおススメ～♡

幻の
くさやチーズ ¥650

Shot Bar D
特製くさやチーズ
Kusaya Cheese

細か～いくさやが練り込んである。

くさや臭さはさほどなし。
温めて、ちょっとトロけさせて食べるのが、松鳥は好き♡

情け嶋
（700ml）
¥920
（箱あり ¥1070）

麦
25°
情け嶋

クセがないので
八丈＆青ヶ島の
島人には、コレが
断トツ
人気！
焼酎が
苦手な
松鳥でも、すいすい一っ気呑めた。

青ヶ島の「あおちゅう」（P.107）や
「あおちゅうケーキ」
なども
あるよ♡

スーパーの特売日「八丈DAY」にも寄ってみた

スーパー　あさぬま

（各商品の値段は時期によって異なる）

大賀郷地区の中心にあるスーパー。島料理のおそうざいや、デザートなどがあって見てるだけでもわくわくする♡

八丈牛乳の生キャラメルジャム

八丈牛乳の
生キャラメルジャム
¥800

色合いや固さは、ピーナッツクリーム風。濃厚なキャラメル味♡ 1度食べはじめると…止まらなくて大変♪

八丈牛乳と森ずいたまごの
焼プリン
¥300

焼プリン

八丈バター

酪農アイランド
無塩八丈バター
¥930

同シリーズのこの2つもおススメ♡

八丈DAY

毎月8日に開かれる特売日。この日は入口前に、地元の人手作りのパンやおそうざいも、ちょっと並ぶ。

郷土料理

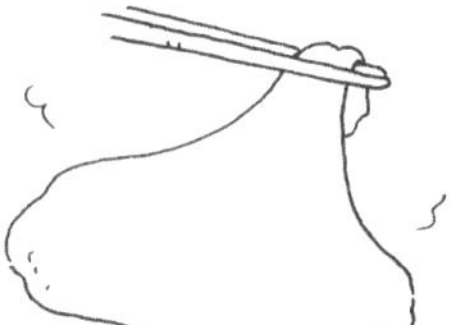

かんも餅（ハーフ）¥150

島の芋、カンモを、つぶして干して蒸し、そして餅と合わせる。甘くて、もちもち感が更にup!? 温めると甘さも増すよ♡

お隣の「お茶屋さん」では、八丈DAYだけの限定スイーツが販売される。

青ヶ島
ひんぎゃのにがり100％
おぼろ豆腐
¥150

やや弾力のある感じ。何もつけずに、そのままでもじゅーぶん美味♡

おぼろ豆腐
100％
¥150円

やすらぎの湯

（入浴料¥300）八丈の温泉の中でも、おばあちゃん達とお話できるコトが多いので、1番好き♡

家にいると自分の病気のコトばかり考えちゃって
考えちゃダメよ！外に出なきゃ！

ちょっと遠いけど中之郷へー

90でも泳いでたんスか!!
すげッ!!
ってか94に見えん。。
カナヅチ→
すすめられた八丈の水

休けい室で

海見ると泳ぎたくてー
90歳まで泳いでたわ、
（現、94歳）
八丈はね、見るトコないけど水と海と情けがあるの

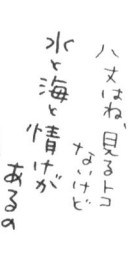

East Side 茶屋

島食材をおしゃれにアレンジした
メニューが多くて新鮮♡
(季節限定メニューもあり)
そして、どれもコレも大当たりなお味!

明日葉生ハム巻き ¥600

トロロ芋のチーズ焼き ¥700

島食材ではないけど、
すったトロロに、とろけるチーズのWトロ〜リ♡
ありそうでなかったメニュー♡

八丈産 さといもの塩ゆで
(酒盗付) ¥700

里芋のあっさり感と
酒盗の塩っ辛さが合う

夕食は宿のオーナー・
どいさんと♡

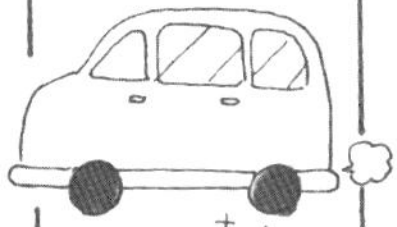

どいさんの車で〜

ドリンクも
島酒・日本酒・
ワイン・世界のビール・
カクテル・ソフトドリンクと
豊富。

お宿 銀河荘《ゲストハウス》〜Galaxy Guest House〜 ¥4000 (素泊まり)

吹き抜けで広い居間は
アジアンテイスト♡
どいさんの神さま絵もエキゾチック♡

森の中にある一軒家。
その名の通り、夜空にいっぱいの
星がウッドデッキから眺められる。
(冬は外用布団にくるまり
ながら・笑)
バリのガムランが好きと
言ったら、ガムランの曲を
かけてくれた。
ハーブティーを頂きながら
まったりした夜でした♡

オーナーで
画家の どいけいこさん

ちなみに、猫2匹は
とっても、人なつっこく、
どいさんは、とってもパワフルな方☆

翌日——

服部屋敷跡

服部家は、江戸時代に 黄八丈を献上する ための船を あずかっていた家。毎日10時から、伝統的な樫立踊りや 八丈太鼓の演奏が 見られる。（観覧料 ¥350）

歌い手のおばちゃん激うま～
一緒に踊らせてもらえるコーナーも

◀ 樫立踊りは何種類か あって、いろんな地域の踊りが 混ざったものも…
流人が伝えて増えていった のだそうな。

ドンコドッコドンコドンコ…
ヨッ

八丈太鼓 ▶

2人1組でたたく。女たたきは、足をそろえてたたくので お上品っぽいけど 力強い。小笠原や伊豆諸島、沖縄の大東島の太鼓は、八丈太鼓がルーツ。そういや、あの「鼓童」も、八丈太鼓をベースにしてるって聞いたコトがあるな～。

はたおり人形 ¥1000

ちっちゃな千鳥マーク♡

手作りで、この値段!!

予約していたランチへ

入口のガジュマルも ステキ♡

いそざきえん

昔、流人が ゆるされて本土へ帰る時に、村長の家に 島人が 料理を持ちよって お祝いをしたと言われていて、それを再現したのが、この **御赦免料理 ¥5250**（1名料金）
（2名より 要予約）

アカサバ、アオダイ、ヒメダイ、カンパチの刺身に、明日葉こんにゃくや、きんぼ（自然乾燥させた さつま芋を 小豆と一緒に 炊いた島流きんとん）…etc.
島味づくし♡

以上かと、思ったら…

黄八丈めゆ工房

食後は工房見学

黄八丈は草木染めの絹織物で、染めには、かなりの手間が！ 織り方も、いくつかあって、中でも、1番古くて時間もかかるという「カッペタ織」を見せてもらった。アイヌやインドネシアの織物にも、共通点がある織り方。

居酒屋　おおわき

銀河荘のじいさん イチオシ✨ もともと、旅館だったのを居酒屋経営だけに。話しやすいご夫婦と、おサイフに優しく、お味も🌸な料理で、ゆったりな島の夜をすごせた。

「はんば」は海岸の岩に付着してるのり。歯ごたえあり♡

はんばおにぎり&
あしたばおにぎり　各¥180

明日葉が細かく刻んで入ってる。ちょっぴり、ほろ苦。

むろあじ酢味噌　¥750

トロける食感のアジにネギとみょうががたっぷり♡ 酢みそは島唐辛子入りでピリ辛。

翌朝、青空に見送られ船で帰りました。

のんびり 島カフェ

八丈島

古民家喫茶　中之郷

（MAP 92p）

古民家喫茶 中之郷

シーズンオフ中は
黄八丈を織ってます

島の空気を感じたいなら、ココ♡ もともと、店長さんのおばあちゃんの家。昔ながらの八丈のお家。
広間がカフェになっていて置いてある骨とう品などもすべて、おばあちゃんのモノなんだとか。孫がこんな風に自分のモノを引き継いでくれるなんて、すごく幸せだろうな～。シーズンオフ中はお休みの場合があるので、夏に行くのがおススメ。

島人も旅人も
足を運んじゃう八丈のカフェ♡
その日の気分で
どのカフェに行こうかな～と
考えるのも楽しい♡

八丈
ハーブティー
¥400

隠れ家カフェ

ストレート
珈琲
¥500
ちょっと
すっぱめ
ピリ辛&
カレースパイス味の
チキンに
はちみつが
合う
タンドリーチキン&はちみつマヨサードイッチ¥680

軽くランチ、カフェでちょっと読書気分なら、ココ。
珈琲好きの島人が太鼓判を押すカフェ。
通りからちょっと奥まったところにある自宅の一角がカフェ。
ちょっぴり暗めの照明と木のテーブル&イスが、
おちつく〜(静かな雰囲気を大切にされているので、
子どもの入店はNGです。あしからず♪&お店の希望で
場所はヒミツ)。

空間舎

(MAP 93P)

島に移住してきた気分を味わいたければ、コチラ！自宅だけどカフェ、
カフェだけど自宅……なんだか不思議な感じになる店内。

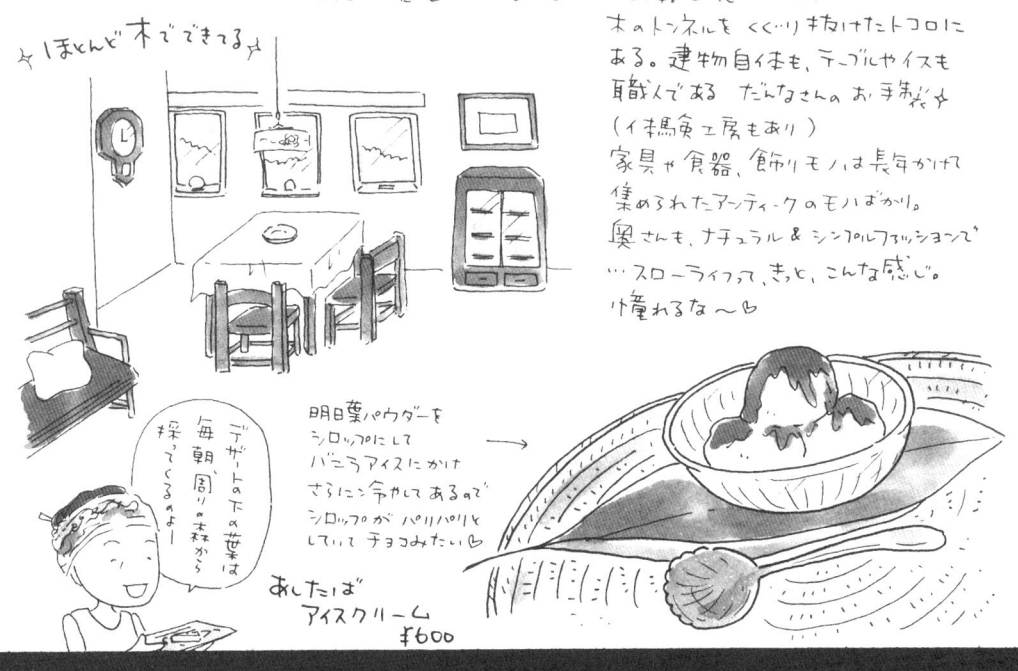

✧ほとんど木でできてる✧

木のトンネルをくぐり抜けたトコロに
ある。建物自体も、テーブルやイスも
職人であるだんなさんのお手製✧
(付属工房もあり)
家具や食器、飾りモノは長年かけて
集められたアンティークのモノばかり。
奥さんも、ナチュラル&シンプルファッションで
…スローライフって、きっと、こんな感じ。
憧れるな〜♡

デザートの下の葉は
毎朝、周りの森から
採ってくるのよー

明日葉パウダーを
シロップにして
バニラアイスにかけ
さらに冷やしてあるので
シロップがパリパリと
していてチョコみたい♡ →

あしたば
アイスクリーム
¥600

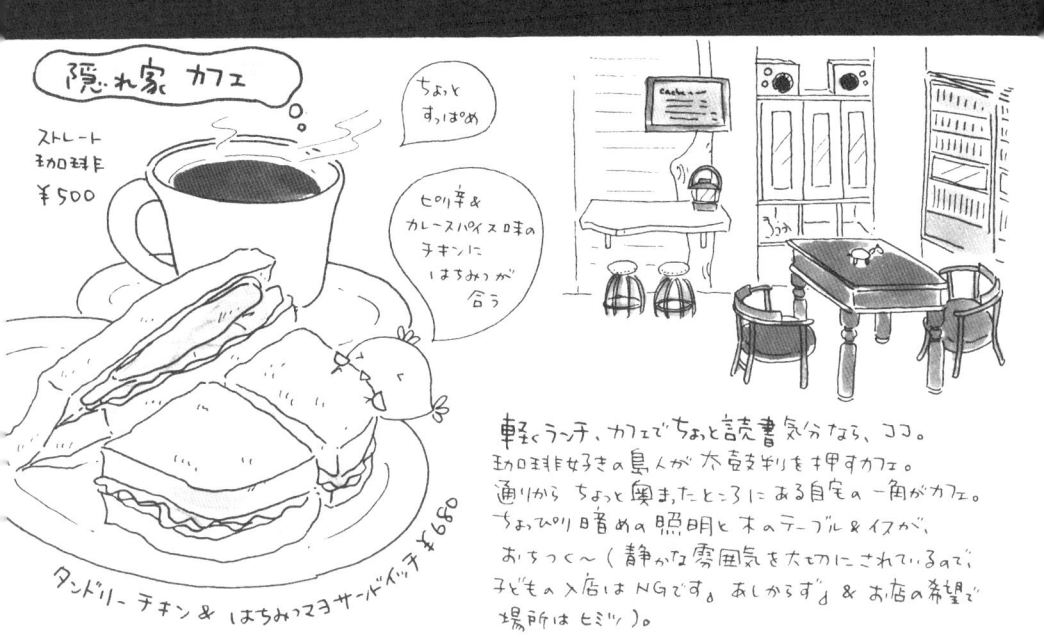

青ヶ島《あおがしま》 MAP

八丈島から南へ71km先にある小さな**二重カルデラの島。**
八丈との間は、流れの速い黒潮で、小さな連絡船・還住丸は、**就航率50%**ほど（前日の天気予報で**波3mだとほぼ欠航**まちがいなし♪）。
さらに、人口170人ほどの日本で1番小さな地方自治体。住所も**無番地！**名前だけで届く！
小さすぎて何もないのかと思ったら、いろんな出会いありまくりな島でした♡

21. 12. 10
青ヶ島

青ヶ島郵便局の風景印

島へ

八丈島（八重根漁港） —還住丸で 約2時間30分→ 青ヶ島（三宝港）

八丈島 —ヘリで 約20分→ 青ヶ島

島内で

役場 —徒歩で 約1時間→ ふれあいサウナ

× …通行止め　■…池之沢

工事だらけ♪

あちこち工事中♪
そのため、建設業の兄ちゃんが多く、島の平均年齢が若く感じる。

空飛ぶ船

断崖絶壁のため漁船は海にとめられず、陸においてある。
使用の度に、クレーンで吊って、海に降ろす。

港にあるクレーンは共同で使う。
皆、クレーンの免許を持っているそうな。

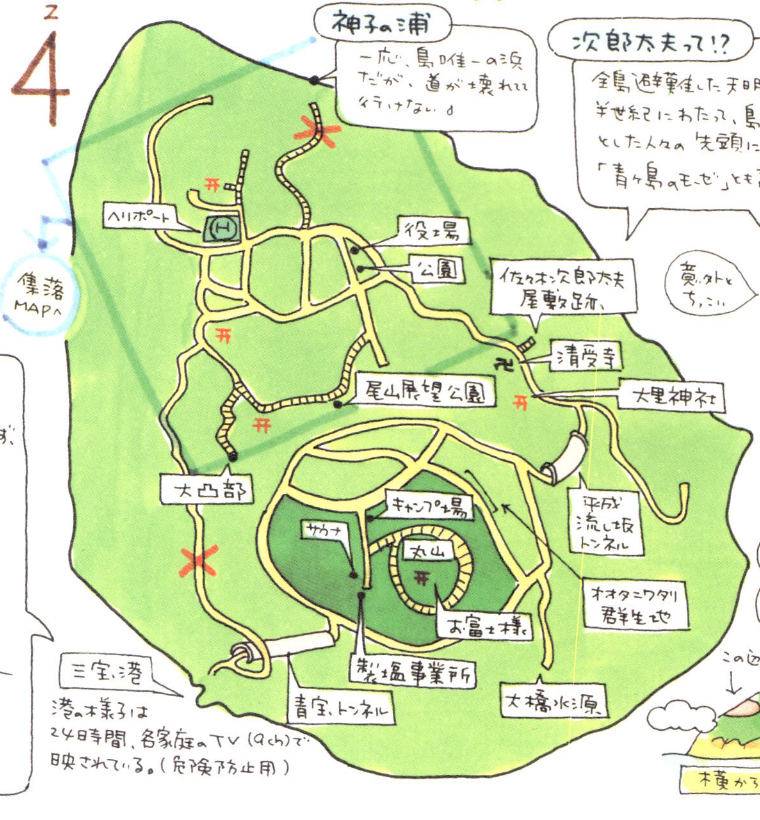

N
集落MAPへ
ヘリポート
役場
公園
佐々木次郎太夫屋敷跡
清受寺
尾山展望公園
大里神社
大凸部
キャンプ場
サウナ
丸山
お富士様
平成流し坂トンネル
オオタニワタリ群生地
製塩事業所
青宝トンネル
大橋水源
三宝港

神子の浦

一応、島唯一の浜だが、道が壊れて行けない♪

三宝港

港の様子は24時間、各家庭のTV（9ch）で映されている。（危険防止用）

次郎太夫って!?

全島避難した天明の噴火後、半世紀にわたって、島へ還り住もうとした人々の先頭に立った人物。
「青ヶ島のモーゼ」とも言われている。

公園前にある還住像

意外とちっこい

港から200～300m上に集落がある。
島のまわりはかわいい雲が囲んでいるよ♡

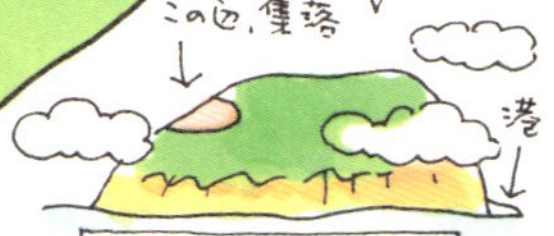

この辺、集落
港

横から見た図

集落MAP

徒歩で
民宿 杉の沢 → 約7分 → 役場
民宿 杉の沢 → 約40分 → 大凸部

牧場
岩の合間に ひんぎゃ!
至 神子の浦
ジョーマン
広々とした草原。目の前には青い海が広がる♡
4
金比羅神社
草ボーボー
神子の浦 横原展望広場
もうもう牛さん ご苦労さん—
ヘリポート
島うた
正午♪池之沢♪ 17時♪もうもう牛さん♪ が、島内放送で流れる。
小・中学校
真ん中がトンネル状で変わった造り&でかい!
体育館
GS
整備工場
役場
駐在所
青ヶ島酒造合資会社
杉の沢
十一屋酒店
食料、日用品、お土産までそろう
還住像
おじゃれセンター
診療所 保健センター 保育所
公園
W.C.がリンゴ型
マツミ荘
土・日のAM中も郵便のみ取扱い中
もんじ
これが、ガスで見えなくなったらヘリ欠航とか!
渡海神社
あおがしま屋(民宿)
固めのサクサク感♡
ゴマ入り
ひんぎゃの塩クッキー
「あおちゅうケーキ」もあるよー
NTTの鉄塔
あじさい荘
玉石の急階段で危ない!
至 三宝港
大凸部
東台所神社
尾山展望公園
登り坂の途中、村全体&海が見渡せる♡ 朝日、夕日、星空を見るのに良い。(but! 外灯はない↓)
注
急斜面な坂や、湿気が多くて、コケで滑りやすい道があるので、滑りにくい靴底の靴が、おススメ♡
図書館
OPENは 14:30
雨の日におススメ♡ 青ヶ島の歴史関係の本から、雑誌に掲載された青ヶ島の記事まであるよ。壁に貼ってある『青ヶ島かるた』もかわいい♡
青ヶ島 歴史とロマンのユートピア
あ
役場
島&集落MAPがもらえる。ポストカードや、ひんぎゃの塩シリーズもコチラで販売中!
やすんど 休戸橋
至 池之沢

青ヶ島
絶海の孤島は出逢いがいっぱい
船の就航率も悪いが
ヘリの予約確保も
至難の業!!
なんせ…
9席のみ!!
残席ないですねー
島の人と仕事関係の人々で
予約開始から
ものの1時間ほどで
完売♪
(しかも、回線がつながりにくい♪) そんな中、
やっとGETしたのに…
え゛え゛
八丈島空港 (MAP 93p)
東京愛らんどシャトル
青ヶ島行き濃霧のため本日、欠航になりましたー
欠航
うーん
念のため船は…!?
困ったなー
すみません
還住丸予定通り出ますよー
船は出ますってー
ついでに周りの人にもお伝え
ホント?
みんな、それぞれ八重根漁港 (MAP 93p) へ
大(?)移動
タクシーで約8分
青ヶ島に遊びに来たら気に入っちゃって…今は、青ヶ島の村役場で働いてるのー
へー
いつもヘリだから船ははじめてー
工事関係者
楓ちゃん
操縦室
還住丸
ヘリ欠航のおかげで他の人たちといろいろ話せた♡
だから「トラブル」って、大好き♡
＊甲板には、操縦室を通り抜けて行く。楓ちゃんに連れてってもらった✿
港を出たら揺れてきたので中へ…
ヒュ〜
八丈島⇔青ヶ島
2Fの和室後方部
ゲロバケツ完備。
ココ
あそこが1番揺れないよ
そ…
そのスペース希望ッ
到着までひたすら寝た
今黒潮を渡ってるトコやなー
揺れてんなー

ここで、青ケ島に到着!!
三宝港
崖崩れなのか、コンクリートの防壁が…物々しい
そうかと思えば…
1年以上も前から工事中
うわー海から虹♡
二重でかかったりよくあるわよー
←宿の車
なんか不思議な島
ここ今度はジャングル!?
さらに!!
お宿
民宿
杉の沢
¥7800
(1泊3食)～
(青ケ島は、ランチするような食堂がないので、どの宿も3食付き!)
青ヶ島生まれ&育ちの奥さんに、島のおススメポイントや昔のコトなど、いろいろと教えてもらった。
夕食後は
23時ぐらいまで宿の奥さんと語りまくった
ブホッ
島の人は特別な時しかあおちゅうを呑まないのよー
ス…ストレートは濃ゆいですねー
あおちゅう
水↓
あおちゅう↓
混ぜずに別々に呑むのが島の呑み方らしい。
青ヶ島のカンモ(芋)で作られた焼酎。味も香りも強くて独特。同じ銘柄なのに、杜氏によって味が違うのも楽しい—♪
あおちゅう
伝承
原材料、すべて島内産!生産量が少ないので貴重!
ちゅう あおちゅう 伝承

大《おお》凸《とん》部《ぶ》

島内で1番高いトコロ。島全体を一望!!
火山でできた**二重カルデラ**は、とっても珍しいらしい。外輪山の中にある内輪山(丸山)が**プリン**みたいでかわいい♡
三宅島の火口付近も、いつか、こんな風に緑が戻るのかな〜。

海も360度
パノラマ!
外輪山
内輪山
(丸山)
椿が植樹
されている
ひんぎゃ
サウナ
ハッ!!
キレイな緑すぎて…
高さも忘れて
思わず飛びこみそうに
なった!!
あるイミ
ヤバイわ〜、ココ。
ドキドキドキドキ…
ズズ

外輪山の内側のカルデラは"**泄え沢**"と、呼ばれている。昔は、人も住んでいたようだけど何度かの噴火で、火田だけに。外輪山で風がさえぎられて、地熱(ひんぎゃ)もあり、**天然ビニールハウス**状態!? 緑が本当に濃い!!

小振り
サイズなので
いろいろ食べられて
うれしー♡
カスタードプリン ¥150
いちじくライ麦パン ¥130
カレーパン
¥150
泄え沢で
食べよ〜
チキンサラダ
Bagel
¥250
クリームたっぷり
チーズクリームパン
¥120

あじさい荘の
奥さん
もともとは
島外から島へ
バイトで来て〜
島も
だんなさんも
大好き♡

翌朝。

カンモの焼き芋♡

「食べたい」と、言っていたら、奥さんが、朝、作ってくれた♡

あじさい荘

新館はデザイナーズハウスのように超おしゃれな民宿。
火・木曜日は、**手作り焼きたてパン**が買える♡

てくてくと、池之沢へ
片道徒歩1時間か。誰か乗せてくれへんかな～
と、思ったら
おぅ！乗りなー
居酒屋の店主
居酒屋 もんじ
で、なぜか
お客さんの畑だけど採って良いって言われてるからさ～
採った後、手洗い必須よ～
バイトの子
ゲ… 激辛なんっスね!!
一緒に唐辛子摘み
池之沢
丸山の一部は、ひんぎゃだらけっ！この地熱を使って、サウナや製塩を行っている。三宅島のは有害なガスなのに、こっちは無害無臭。火山にも、いろいろあるもんだ。不思議～。
その後ひとりで
再びてくてく
クロスしてる薄い雲
池之沢噴気孔群（＝ひんぎゃ）
あったかい
製塩所
丸山遊歩道
地面もあったか～い
サウナ
ソーセージや干し魚を入れてもgood♥
地熱釜
卵
芋
フタ
30分程入れておけばひんぎゃの力で温泉卵やふかし芋に♥
オオタニワタリ群生地
沖縄とちがってオオタニワタリ食べへんねんなー
丸山
1周60分ほどで歩ける遊歩道がある。
さらに、てくてく…
火口のトコの杉むっちゃ緑やー
注 火口には行けない。展望台からのぞきこみます。

迷う♪
どこ見ても畑ばっかりで…
大橋水源に行きたくて…
乗せてってやれー
大橋水源へ
なんもねーぞんなトコ
きれいらしいんですよー♡
すみません…
ど…どれが水源なのかわかんないッス♪
な。
結局、サウナまで乗せてもらった
青ヶ島村ふれあいサウナ
(¥300)
ひんぎゃの地熱を使用したサウナ(約60度)。サウナに行かずとも… 建物の中がすでに、サウナ状態♪♪
夏はクーラーの数がすごいぞー
ハハハ…
あついッスねー
管理人さん
サウナ苦手♪ 他にお客さんがいなかったので開け放して♪
一応、湯船あり。ぬるめ。
お隣の製塩所へ
青ヶ島村製塩事業所
コチラも、ひんぎゃの地熱を利用して製塩している。
女性ひとりでやっておられたーっ
自分で作った塩はすべてかわいくて♡
ひんぎゃのにがり (300ml) ¥460
購入は役場で↓
ピリピリする
粗塩
ひんぎゃの塩 (60g) ¥250
ココで5P買うと、割引してくれた♡
帰り道
暗くなってきたー 誰か乗せてくれへんかなー
TOKIOのソーラーカーの案内もしたぞー
ガハハハハハハハハ
テレビ見てなくてスミマセン
ヒッチハイクな一日
その夜
仕事で来ていた同じ宿のおっちゃんたちと
島で唯一の呑み屋へ!
島の居酒屋
ワー
アハハ
工事の人々
ある〜日〜 森の中〜 クマさんに〜ら〜 いていて日〜 旅立ち〜
意外にも超にぎやかでした。

翌朝

ヘリポート

帰りは予定通り、ヘリで。
おまわりさん、郵便局の人、役場の人、見送る人、出迎えに来る人。朝のヘリポートは、なんだか にぎやか♫
（東邦航空　青ヶ島→八丈島　片道 ¥11210 ）

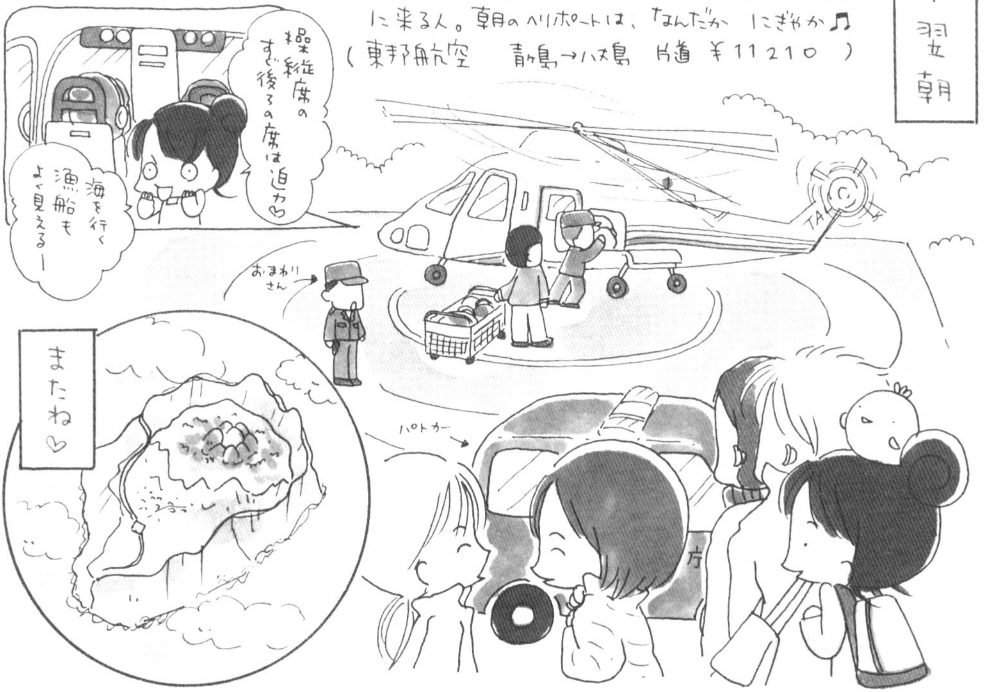
操縦席のすぐ後ろの席は迫力♡
海を行く漁船もよく見えるー
おまわりさん
またね♡
パトカー

島土産

青ヶ島の名産のロゴをすべて記載してあるタオル。
毎年、8月の牛祭りの時に発売。あまれば、その後も商店や宿で購入できるかも〜

十一屋酒店

とびくん ¥600
春トビ（＝ハマトビウオ）のくん製。

細かくちぎって ピザに♡

ちぎってそのままマヨネーズで食べても♡
青ヶ島の味
島じまん
とびくん

青ヶ島村役場

産業応援タオル ¥400

青ヶ島特産
池之沢
ひんぎゃの塩
伝承
あおちゅう
青ヶ島焼酎
青ヶ島特産
ひんぎゃの
島とうがらし
青ヶ島の味
島だれ
ひんぎゃの塩
クッキー
黒麹仕込み
あおちゅう
青宝
青ヶ島特産

マツミ荘

あとからピリリとくるよ
しょう油・みそ・しょうが・唐辛子入り♡
マツミおばちゃんち
秘法
島だれ

マツミ
おばちゃんち
秘法
島だれ
¥700

各家で昔から作られている「島だれ」家庭によって味が違う。

島流
塩ゆでした里芋や お刺身にもつける。

竹芝桟橋で島きぶん

(MAP 3p)

小笠原&伊豆諸島行きの船は、ほとんどがココから出るよ！ カフェ&SHOPもあり、港が眺められて、東京にいながら島の空気を感じられるトコロ♥

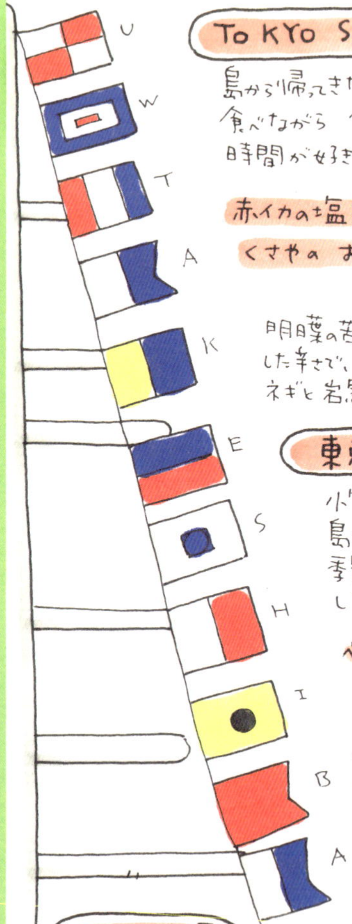

TOKYO SHIMA CAFE

島から帰ってきた時、島ごはんを食べながら余韻にひたる時間が好き♥

赤イカの塩辛とくさやのお茶漬け

¥780

明日葉の苦味と塩辛のピリっとした辛さで、くさやがマイルドに♥ ネギと岩黒のりもたっぷり入ってる。

東京愛らんど

小笠原&伊豆諸島の名産品を販売している。島で買いそびれたものや、お気に入りを買いに。季節によって入荷するものもあるので、ついつい寄ってしまう。

べっこう醤油

¥580

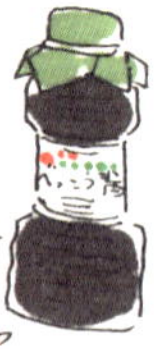

自宅ですぐにべっこう(漬け)丼が作れる♥

御蔵の源水

(500ml)

¥150

御蔵の源泉のまろやかな水

入口中央広場の文字旗

「UW」に「ご安航を祈る」という意味。芸が細かいな～♥

島じまん

2年に1回、5月下旬の週末に開催されるイベント。
小笠原&伊豆諸島の名産品やおいしいもの（イベント限定メニューも♥）が大集合！
島の温泉の足湯や伝統芸能のステージもあるよ。

松島的
島ごよみ。

食材は主に「旬」を記載してます。他の時期にある場合もあるよー。

月	3	2	1
平均気温 大島	9.5°C	7.0°C	7.2°C
平均気温 八丈島	11.7°C	9.9°C	9.8°C

伊豆諸島

旧暦の1/24
海難法師
（八丈島を除く全島）

（神津島では「25日様」という）

海難法師とは、伊豆七島に伝わる悪霊の一種。

江戸時代、大島に年貢の取立てが非常に厳しい代官がいて、島民は苦しめられていた。

ある年の1/24。代官が島の巡回に船で行った際、島の若者が、船の栓を抜き、沈めてしまった。

それ以来、1/24（現在の2月下旬〜3月上旬頃）になると、代官の亡霊が海からやって来て、その姿を見た者は死ぬという…♪

なので、昔は外出せずに戸を閉め、海難法師が嫌うトベラの葉を玄関にさし1日静かに過ごしていた。神津島や他の島の一部では、今でもその風習が残っている。

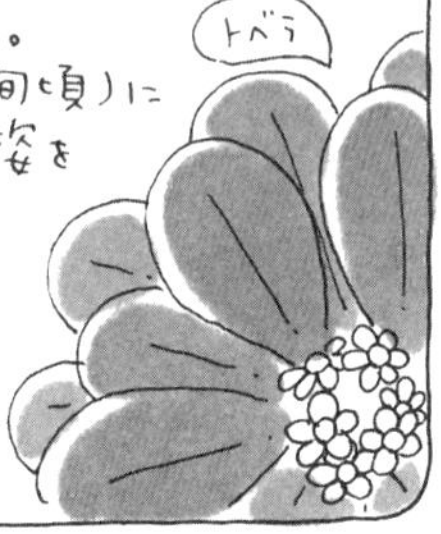
トベラ

カツオドリ（オオミズナギドリ）

まるまるとでかく、身もぷりぷり

春トビ（ハマトビウオ）
（八丈島、青ヶ島／春）

春の新芽は特にやわらかくて

明日葉
（全島／通年）

ツワブキ（新芽）
（利島、青ヶ島／春）

煮物にする

月	3	2	1
平均気温 父島	18.9°C	17.7°C	18.3°C

小笠原

島トマト
（12〜5月）

スティックセニョール
（春頃）

ブロッコリーの一種。にがみのない、菜の花に近い食感。

Tシャツ
+
フリース等のアウター
五本指ソックスだと、そのままギョサン（p.16）がはけて便利♪
長ズボン
冬はそれなりに寒い

1/1 海開き

日本一早い！

ザトウクジラウォッチング（12〜5月）

マッコウクジラウォッチング（5〜11月）

ドルフィンスイム＆ウォッチング（通年）

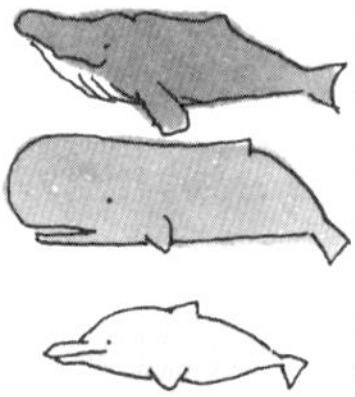

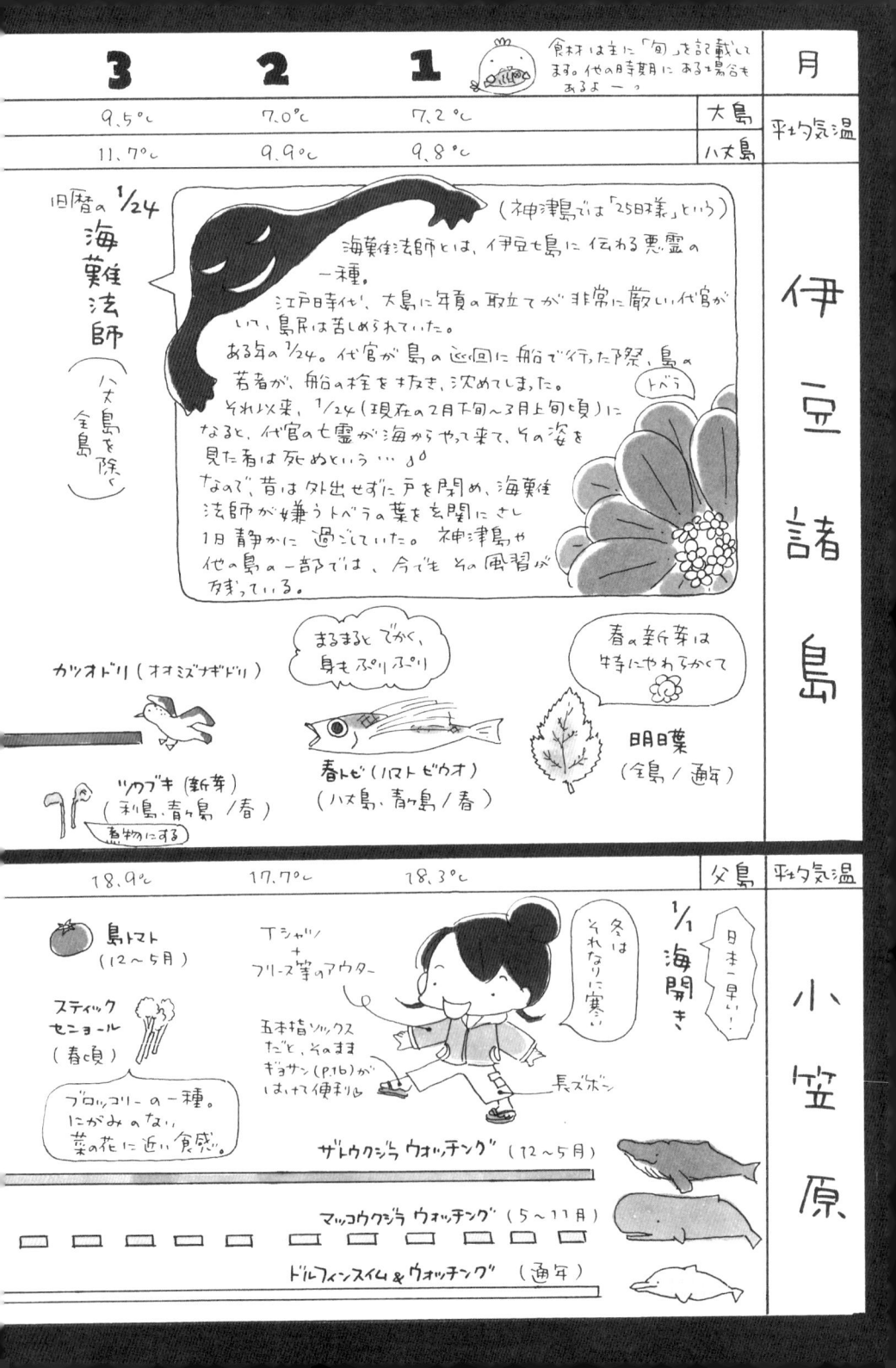

6	5	4
20、6°C	17、6°C	13、9°C
20、9°C	18、2°C	15、5°C

6/15
行者祭（大島）

修験道の開祖と言われている「役の小角（えんのおづの）」が、大島に流刑にされた際、島人の病を治したりしたコトをたたえて行われる祭り。
場所は、役の小角が修行した行者浜で。

5月上旬
ジュリア祭（神津島）

江戸時代、キリシタン禁止令に背いて流刑になったオタア・ジュリア（朝鮮半島出身）。助けてくれた島人たちの面倒をよくみて、神津島で生涯を終えた彼女をしのぶ行事。

韓国からも、たくさんのキリスト教徒が訪れるとか。

赤イカ
（利島、新島
式根島／夏）
（神津島
御蔵島／春）

カメノテ
（シイッコ）
（新島、式根島
神津島、三宅島
主に4～5月）

コウヅエビネラン
（神津島
4月中旬～
5月中旬）

ガクアジサイ
（三宅島
青ヶ島／春～夏）

アカコッコ 子育て時期（三宅島／4～7月）

カツオドリ（御蔵島／3～11月）

ドルフィーンスイム＆ウオッチング（御蔵島／4月下旬～10月下旬）

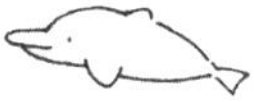

6	5	4
25、8°C	23、0°C	21、0°C

パッションフルーツ（3～7月）

中はカエルの卵みたい!?
でも、甘酸っぱくて美味♡

南十字星
（3～5月）

4月下旬
タートロン大会

タートロンとは、人間が、一生懸命、泳いで走って、最後は、一匹の子ガメにバトンタッチ！ 子ガメが海にたどり着いたらゴール！ という なんとも、ほほえましい大会♡
（開催されない年もある）

大会Tシャツがかわいい

ウミガメの産卵（5～8月）

マッコウクジラは、小笠原の沖に住みついているが、夏の方がウォッチングしやすい。

9	8	7
22、7°C	25、3°C	23、8°C
24、2°C	26、1°C	24、6°C

8/2 かつお釣り神事（神津島）

7/31～8/2に行われる物忌奈命神社の例大祭の中の神事。若者たちが漁師に扮して、カツオを捕りセリにかけるまでを演じる。豊漁祈願のひとつ。

8/10 牛祭り（青ヶ島）

島内の牛が大集合して品評会!? 島出身者もいっせいに帰省する青ヶ島最大の祭り。

牛祭り用のTシャツ（牛T）は、毎年デザインがちがうよ！

8/14、15 大踊り（新島）

村で選ばれた30人以上の男性が絽の着物に白足袋、縁に布をたらした妻折り笠をかぶり輪になって踊る。江戸時代からの盆踊りの一種。（一般の人は、見学のみ可能）

8/14は　若郷地区
8/15は　本村地区で開催。

タカベ（利島、新島、式根島、神津島、三宅島、御蔵島／夏）

光るキノコ（夜光茸）（八丈島／6～8月）

夜光虫ツアー（神津島／7～8月）

9	8	7
27、4°C	27、6°C	27、3°C

シカクマメ（6～11月）

マンゴー（7～8月）

グリーンペペ（夜光茸）（夏）

日焼け止めを塗っても焼ける

激暑っスル

8～10月は台風シーズン！
おが丸の運行予定の変更等もありうるので、お天気要check！

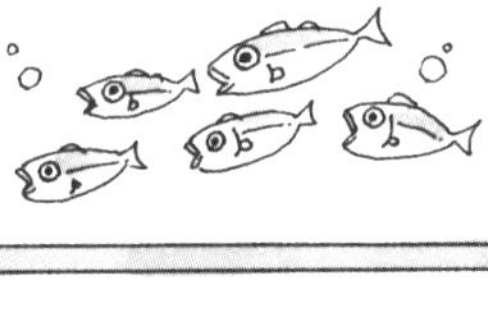

ケータ列島のマグロ穴でマグロと泳ぐなら、夏が✿

12	11	10
9.6°C	14.1°C	18.3°C
12.1°C	16.4°C	20.5°C

11月上旬 カツオドリ採り（トリトリ）（御蔵島）

昔、冬になると海が荒れ漁に出られなかったので、冬のたんぱく源は、年1回のトリトリの日に、家族が冬を越す分だけ、カツオドリのひなを獲って食べていた。
今は、"害鳥駆除"として11月上旬の1日だけ、トリトリが行われている。

12/8 獅子木遣《ししきやり》（新島）

十三社神社の例大祭で演じられるもの。（不定期、開催されない年もある）
「獅子舞い」と「木遣り」（江戸時代から町火消の人たちが受け継いできた唄。流人がもたらしたそうな）が合わさったもの。

カンモ 里芋

島のサツマイモ

（青ヶ島／秋）

アメリカ芋

白くて丸いサツマイモ

（新島 式根島／秋）

はんば飯（p.××）にするのが、サイコー♡

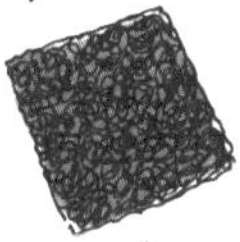

はんばのり

（全島／12～2月）

イセエビ

（利島 式根島／冬）

キンメダイ

（大島、利島、新島 式根島、三宅島／冬）

サザエ

（利島、式根島、御蔵島／秋～冬）

20.1°C	23.3°C	26.0°C

島レモン（8～12月）

10月でも水着で泳げる暖かさ

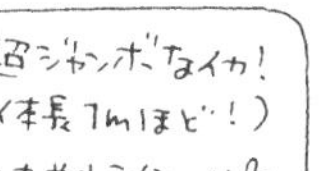

12/31 カウントダウンパーティー（父島）

母島産ラム酒と、カップそばが無料で配られる。
0時には、おがさ丸や観光船が汽笛を鳴らした後、花火が上がる。
その後は、小笠原太鼓の演奏なども♡

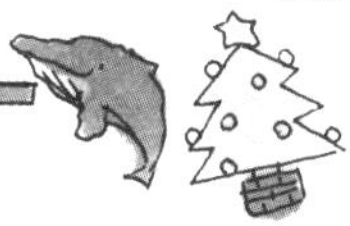

クリスマス時期、二見港近くのガジュマルの木が巨大クリスマスツリーに✧

ソデイカ（10～4月）

超ジャンボなイカ！（体長1mほど！）身はやわらか～い♡

小笠原&伊豆諸島 べんり帖

小笠原諸島への行き方

・おがさわら丸(通称：おが丸)

03-3451-5171(小笠原海運)/04998-2-2111(父島営業所)

東京(竹芝桟橋)		父島
10:00発	→	翌11:30着
翌15:30着	←	14:00発

※2等片道2万2910円～
※約6日ごとに1往復(繁忙期は増便あり)

台風などで、日にちや時間が変更になるコトもある。

ツアーの日程
海&山のツアーは、おが丸入出港日は半日、それ以外は、1日ツアーがほとんど。

・ははじま丸(通称：はは丸)

03-3455-3090(伊豆諸島開発)/ 04998-3-2331(母島代理店)

<おがさわら丸入港日>

父島		母島
12:30発	→	14:40着

<おがさわら丸入港翌日>

母島		父島
12:00発	→	14:10着

<おがさわら丸出港日>

父島		母島
7:30発	→	9:40着
12:40着	←	10:30発

<上記以外の運航日>

父島		母島
7:30発	→	9:40着
16:10着	←	14:00発

※2等片道4290円～
※繁忙期は変更あり

はは丸は、毎日運行しているわけではないので、注意!!

一航海って?
船中で泊、小笠原に3泊して、自分が乗ってきたおが丸で帰るコト。
✿ 二航海は、自分が乗ってきたおが丸を見送り、次に来た船で帰るコト。

おが丸出港日の夜や出港翌日は、お休みのお店が多い。

交通機関は
はは丸と還住丸
以外は
要予約☆

小笠原旅の相談はコチラへ♡

小笠原のコトならなんでも聞いてくださいね!!
松島もお世話になりましたー
イルカと泳ぎたい!!
宿はどこがいいの?
ザトウクジラが見たい☆
女子ひとりなんですけど…
父島と母島、両方に行きたいんだけど…
おがさわら丸はどうやって予約するの?
小笠原に行くには、何日ぐらい必要?
おトクなパッケージツアーもありますよー♡
どーんっと
おまかせをっ!!
?

本土唯一の小笠原専門旅行代理店

ナショナルランド

営業時間 10～18時 / 定休日 土・日曜、祝日(12月のみ土曜は10～15時営業)
住所 東京都千代田区神田和泉町1-3-7-2F(JR秋葉原駅から徒歩5分)
電話 03-3851-3377 / メール nl@n-l.co.jp
ホームページ「小笠原ステーション」 http://www.n-l.co.jp/

※時刻・料金などのデータは、2010年6月現在のものです。諸事情により変更になる場合があります
※料金は大人1名の最低料金です
※特に記述のない場合、1日1便の運行です

伊豆諸島北部への行き方

・大型客船／03-5472-9999（東海汽船） ※運賃（2等）は表1

【往路】	東京（竹芝桟橋）	横浜	大島	利島	新島	式根島	神津島
	22:00発	（23:20着） （23:30発）	翌6:00着 6:20発	7:40着 7:45発	8:35着 8:45発	9:05着 9:10発	10:00着

【復路】	神津島	式根島	新島	利島	大島	横浜	東京（竹芝桟橋）
	10:30発	11:20着 11:25発	11:45着 11:55発	12:45着 12:50発	14:05着 14:30発	（18:00着） （18:10発）	19:15着 （20:00着）

※繁忙期は変更あり
※横浜寄港は金・土曜のみ（東京・横浜の時間はカッコ内の通り）
※熱海～大島、下田～大島・利島・新島・式根島・神津島の航路もあり（詳細は要問合せ）

・ジェット船／03-5472-9999（東海汽船） ※運賃は表2

【往路】	東京（竹芝桟橋）	久里浜	大島	利島	新島	式根島	神津島
	8:25発 （8:10発）	（9:05着） （9:10発）	10:10着 10:20発	10:50着 10:51発	11:15着 11:20発	11:35着 11:40発	12:05着

【復路】	神津島	式根島	新島	利島	大島	久里浜	東京（竹芝桟橋）
	14:20発	14:45着 14:50発	15:05着 15:10発	15:34着 15:35発	16:05着 16:15発	（17:15着） （17:20発）	18:00着 （18:15着）

※繁忙期は変更あり
※久里浜寄港は土・日曜のみ（東京・久里浜の時間はカッコ内の通り）
※上記以外に大島のみの往復便あり（詳細は要問合せ）
※2～3月は館山～大島航路あり（詳細は要問合せ）

※表1

東京（竹芝桟橋）	1410円	4320円	4810円	5810円	5810円	6160円
	横浜	4200円	4300円	4950円	4950円	5410円
		大島	820円	1170円	1280円	1380円
			利島	540円	770円	1160円
				新島	260円	790円
					式根島	570円
						神津島

※表2

東京（竹芝桟橋）						
4090円	久里浜					
7040円	4540円	大島				
8170円	6020円	1700円	利島			
9080円	6580円	2380円	1140円	新島		
9080円	6580円	2720円	1480円	570円	式根島	
9760円	7600円	3290円	2270円	1590円	1140円	神津島

条件付き出航って？
欠航ではないけど、島に着くかどうかは、現地の海況次第。
（行けなかった時は、返金がある。）

往復するので、1番端の島以外は2度、チャンスあり✧

新島～式根島を約20分で結ぶ村営船（1日3便）あり。詳しくは各島観光協会（P.123）まで。

海況が悪くなるとジェット船の方が着きにくい。

港が複数ある島が多い
その日の海況によって到着港が変わる。

宿に送迎を頼んでおけば、困らない✧

伊豆諸島南部への行き方

・大型客船／03-5472-9999（東海汽船） ※運賃（2等）は表3

【往路】	東京（竹芝桟橋）	三宅島	御蔵島	八丈島
	22:20発	翌5:00着 5:05発	6:00着 6:05発	9:20着

【復路】	八丈島	御蔵島	三宅島	東京（竹芝桟橋）
	9:50発	13:10着 13:15発	14:10着 14:20発	20:30着

※表3

東京（竹芝桟橋）			
6500円	三宅島		
7300円	1710円	御蔵島	
8150円	2110円	2020円	八丈島

季節や曜日によって入出港時間がコロコロ変更になるので、その都度、確認を！

利島、御蔵島、青ヶ島は欠航率が高い。

・還住丸／03-3455-3090（伊豆諸島開発） ※片道2590円

八丈島		青ヶ島
10:30発	→	13:00着
16:00着	←	13:30発

※土・日曜は運休（欠航が続くと、土曜運航の場合あり）

伊豆諸島への行き方（空の便）

・全日空（ジェット機）／0570-029-222（国内線予約センター）

＜羽田～大島＞
※1日1往復、片道約40分
※運賃：片道1万3100円、往復2万1200円（国内線旅客施設使用料含む）

＜羽田～三宅島＞
※1日1往復、片道約45分
※運賃：片道1万5800円、往復2万4200円（国内線旅客施設使用料含む）

＜羽田～八丈島＞
※1日3往復、片道約50分
※運賃：片道1万9800円、往復2万5400円（国内線旅客施設使用料含む）

事前予約がおトク
羽田発着便は「旅割」「特割」がおトク。

・新中央航空（プロペラ機）

0422-31-4191（調布）／04992-2-1651（大島）／04992-5-0180（新島）
04992-8-1116（神津島）

＜調布～大島＞
※1日3往復、片道約25分
※片道9500円、往復1万7800円

＜調布～新島＞
※1日4往復、片道約40分
※片道1万3700円、往復2万5000円

＜調布～神津島＞
※1日3往復、片道約45分
※片道1万4900円、往復2万7000円

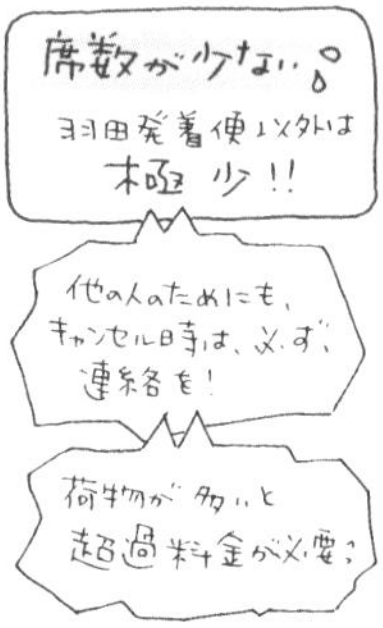
席数が少ない。
羽田発着便以外は
極少!!
他の人のためにも、キャンセル時は、必ず、連絡を！
荷物が多いと
超過料金が必要。

・東邦航空（ヘリコプター）／04996-2-5222（予約センター）

【往路】	八丈島	青ヶ島	八丈島	御蔵島	三宅島	大島	利島
	9:20発	9:40着 9:45発	10:05着 10:25発	10:50着 10:55発	11:05着 11:10発	11:30着 11:50発	12:00着

【復路】	利島	大島	三宅島	御蔵島	八丈島
	12:05発	12:15着 14:55発	15:15着 15:20発	15:30着 15:35発	16:00着

八丈島					
1万1210円	青ヶ島				
1万2230円	1万8750円	御蔵島			
1万4270円	2万3240円	5610円	三宅島		
2万3340円	3万2310円	1万3560円	1万1340円	大島	
2万8970円	3万7940円	1万9180円	1万4700円	7030円	利島

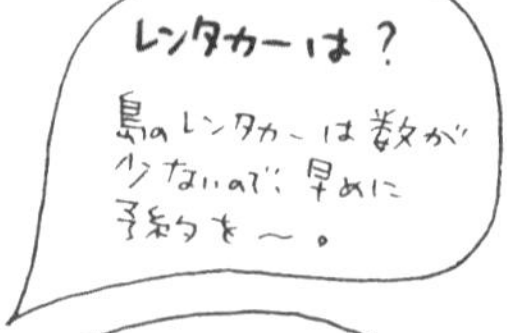
レンタカーは？
島のレンタカーは数が少ないので、早めに予約を～。

おまけ情報
ケータイはつながる？
伊豆諸島
docomo, au, ソフトバンク
小笠原
父島 docomo, au
母島 docomo
㊟どの島も、通じやすいのは集落内のみ。
ATMは？
銀行はほとんどなし。
どの島にも、郵便局があるので、ゆうちょ銀行が使える。
1000
1000
コンビニはある？
基本的に、どの島にもない。
商店はある。
㊟閉店時間が早い。

INDEX

※データは 2010 年 2 〜 6 月現在のものです
※価格は税込表記です
※年末年始、お盆、GW など、特別な時期の営業時間、休日については特に表記していません
※入場、入園、入館料などは大人 1 人分の料金です

父島

小笠原村観光協会
04998-2-2587 ／小笠原村父島東町

ウェザーステーション	04998-2-2587（小笠原村観光協会）／小笠原村父島三日月山／見学自由／ 21p、map8p
大神山神社・パノラマ展望台	04998-2-2587（小笠原村観光協会）／小笠原村父島東町／見学自由／ 25p、map9p
小笠原海洋センター	04998-2-2830 ／小笠原村父島屏風谷／ 9 〜 12 時、13 時 30 分〜 16 時／入館無料／出港中休／ 24p、map9p
Qussy	04998-2-3646 ／小笠原村父島東町／ 13 〜 20 時（おが丸出港日は 9 〜 18 時）／おが丸出港日の翌日休／ 32p、map9p
シーサイド イン AQUA	04998-2-7731 ／小笠原村父島西町／素泊まり 4200 円〜／ 20p、map9p
Sea-Tac	04998-2-2277 ／小笠原村父島宮之浜道／ 8 〜 20 時／ 33p
戦跡ガイド・板長	04998-2-2795・090-7796-1807 ／ 34p
たびんちゅ	04998-2-7456・090-7275-7576 ／小笠原村父島奥村／不定休／ 21p、24p、27p
TOMATON	04998-2-7790 ／小笠原村父島西町／ 10 時〜 16 時 30 分／土・日曜、祝日休（おが丸出港日は営業）／ 32p、map9p
Nose's Farm Garden	04998-2-3485 ／小笠原村父島長谷／主におが丸入港中営業、要問合せ（豆は前日までに要予約）／ 26p、map8p
ハートロックカフェ	04998-2-3305 ／小笠原村父島東町／ 9 〜 18 時／無休／ 14p、map9p
PAPAYA マリンスポーツ	04998-2-2377 ／小笠原村父島西町／ 8 〜 22 時／ 22p、23p、27p、28p、29p、map9p
ボニーナ	04998-2-3027 ／小笠原村父島東町／ 11 時 30 分〜 13 時 30 分（おが丸入出港日）、18 〜 24 時／おが丸出港翌日休／ 33p、map9p
丸丈	04998-2-2030 ／小笠原村父島東町／ 11 〜 14 時、18 〜 23 時（LO22 時 30 分）／出港日の翌日休／ 26p、map9p
民宿トロピカルイン PAPAYA	04998-2-2377 ／小笠原村父島西町／素泊まり 4000 円〜、パーティー参加費 3000 円／ p34、map9p
毛利荘	04998-2-3067 ／小笠原村父島西町／素泊まり 4000 円〜／ 33p、map9p
ローカルベーカリー	04998-2-3145 ／小笠原村父島清瀬／ 8 時〜 14 時 30 分頃／おが丸の入港中休（入出港日は営業）／ 20p、26p、map8p

母島

小笠原母島観光協会
04998-3-2300 ／小笠原村母島元地

アウストロ	04998-3-2877 ／小笠原村母島元地／ 11 時 30 分〜 14 時(LO13 時 30 分)、18 時〜 21 時 30 分(LO21 時）／水曜、日曜夜休 ※ほか不定休あり／ 30p、map11p
アンナビーチ母島ユースホステル	04998-3-2468 ／小笠原村母島静沢／素泊まり一泊 3960 円〜、一泊二食付 5920 円 ※非会員／ 31p、map11p
小笠原ラム・リキュール株式会社(パッションリキュール製造元)	04998-3-2111（母島支所）／小笠原村母島評議平／ 34p
北村小学校跡	04998-3-2300（母島観光協会）／見学自由／ 31p、map10p
清見が岡鍾乳洞	04998-3-2300（母島観光協会）／小笠原村母島元地／ 8 〜 12 時、13 〜 17 時／ 14p、map11p

小富士・南崎	04998-3-2300（母島観光協会）／見学自由／ 30p、map10p
島っ娘	04998-3-2190 ／小笠原村母島元地／ 18 〜 24 時／不定休／ 17p、map11p
大漁寿司	04998-3-2381 ／小笠原村母島元地／ 11 時 30 分〜 12 時 30 分、18 〜 23 時／不定休／ 18p、map11p
乳房山	04998-3-2300（母島観光協会）／見学自由／ 18p、map10p
民宿ナンプー	0120-188-887 ／小笠原村母島元地／ 1 泊朝食付 9000 円〜／ 30p、map11p
民宿ママヤ	04998-3-2157 ／小笠原村母島元地／素泊まり 4000 円〜／ 15p、map11p

大島

大島観光協会
04992-2-2177 ／大島町元町 1-3-3

愛らんどセンター 御神火 温泉	04992-2-0909 ／大島町仲の原 1-8 ／ 9 〜 21 時（夜行船のない日）、6 時 30 分〜 21 時（夜行船到着日）／第 2 木・金曜休（2・3・8 月は変則）／入浴 1000 円／ 46p、map41p
鵜飼商店	04992-4-0521 ／大島町波浮港 1 ／ 9 〜 18 時／日曜休／ 45p、map41p
裏砂漠	04992-2-1446（大島町役場観光課）／大島町泉津時原野 1-1 ／見学自由／ 43p、map40p
駅	04992-2-0137 ／大島町元町 2-5-8 ／ 16 〜 21 時／不定休／ 46p、map41p
かあちゃん	04992-2-1127 ／大島町元町 1-17-9 ／ 10 時 30 分〜 15 時／火曜休／ 48p、map41p
きらく小屋	04992-2-0003 ／大島町八重の水 244-1 ／ 11 〜 18 時（LO17 時）／月〜木曜休／ 47p、map41p
ゲストハウス Oasis Island Gate	04992-2-1238 ／大島町元町 4-10-5 ／素泊まり 5250 円〜／ 46p、map41p
ゲストハウス 島京梵天	04992-4-1567 ／大島町波浮港 6 ／ 1 泊朝食付 5800 円（夕食は応相談）／ 44p、map41p
肴や	04992-2-4555 ／大島町元町 2-3-3 ／営業時間、定休日は要問合せ／ 47p、map41p
すずめ	17 時〜／不定休／ 44p
高田製油所	04992-2-1125 ／大島町元町 1-21-1 ／ 9 〜 18 時（見学は 10 〜 17 時）／不定休／ 48p、map41p
長根浜公園	04992-2-1446（大島町役場観光課）／大島町元町トンチ畑 882 ／見学自由／ 46p、map41p
波治加麻神社	04992-2-1446（大島町役場観光課）／大島町泉津不重 250-2 ／見学自由／ 43p、map40p
波浮港	04992-2-1446（大島町役場観光課）／大島町波浮港 1 ／見学自由／ 45p、map41p
藤井工房	04992-2-1628 ／大島町元町 2-1-5 ／ 10 〜 18 時／木曜休／ 49p、map41p
三原山お鉢めぐり	04992-2-1446（大島町役場観光課）／大島町野増間伏／見学自由／ 42p、map40p
三原山温泉	04992-2-1673（大島温泉ホテル）／大島町泉津木積場 3-5 ／入浴 800 円／ 6 〜 9 時、13 〜 20 時／ 42p、map40p
元町浜の湯	04992-2-2870 ／大島町元町トンチ畑 882 ／ 13 〜 19 時／不定休（天候などによる）／ 400 円／ 46p、map41p
ONE PACK HOUSE	04992-2-1975 ／大島町元町新込 126-108 ／営業時間、定休日は要問合せ／ 47p、map41p

利島

利島村役場
04992-9-0011 ／利島村 248

ウスイゴウ園地	04992-9-0011（利島村役場）／見学自由／ 53p、map50p
下上神社	04992-9-0011（利島村役場）／見学自由／ 53p、map50p
かおり荘	04992-9-0038 ／利島村 6 ／ 1 泊 2 食 6800 円〜／ 54p、map51p
JA東京島しょ 利島店	04992-9-0026 ／利島村 13 ／ 8 時 30 分〜 12 時、13 時 30 分〜 17 時 30 分／土・日曜、祝日休／ p55、map51p
宮塚山	04992-9-0011（利島村役場）／見学自由／ 53p、map50p

新島

新島観光協会
04992-5-0001 ／新島村黒根

石の動物園	04992-5-0001（新島観光協会）／見学自由／ 58p、map56p
かじやベーカリー	04992-5-0179 ／新島村本村 1-8-6 ／ 7 時 30 分～ 19 時（なくなり次第終了）／火曜休（祭日の場合は営業）／ 58p、map57p
カフェ＋宿 saro	04992-5-2703 ／新島村本村 3-3-4 ／ 1 泊 2 食 8000 円／ 60p、map57p
JA東京島しょ新島店	04992-5-0046 ／新島村本村 1-5-9 ／ 8 時 30 分～ 17 時 30 分／土曜午後、日曜休／ 61p、map57p
鳥ヶ島	04992-5-0001（新島観光協会）／見学自由／ 59p、map56p
新島ガラスアートセンター	04992-5-1540 ／新島村間々下海岸通り／ 10 ～ 12 時、13 時～ 16 時 30 分／火曜休／ 60p、map56p
まました温泉	04992-5-0830 ／新島村瀬戸山／ 10 時～ 21 時 30 分（砂風呂は 11 ～ 20 時）／水曜休／ 59p、map56p
間々下海岸	04992-5-0001（新島観光協会）／見学自由／ 58p、map56p
焼とり大三	04992-5-0109 ／新島村本村 5-3-1 ／ 17 時 30 分～ 23 時／不定休／ 59p、map57p
湯の浜露天温泉	04992-5-0240（新島村役場産業観光課）／入浴自由／ 58p、map56p

式根島

式根島観光協会
04992-7-0170 ／新島村式根島 923

足付温泉	04992-7-0170（式根島観光協会）／入浴自由／ 66p、map63p
憩の家	04992-7-0576 ／新島村式根島 995-2 ／ 10 ～ 22 時／入浴 200 円／月曜休／ 67p、map63p
神引展望台	04992-7-0170（式根島観光協会）／見学自由／ 65p、map63p
こころ	04992-7-0807 ／新島村式根島 979 ／ 18 ～ 22 時（繁忙期は 11 時～ 14 時 30 分、18 時 30 分～ 21 時 30 分／火曜休（繁忙期は無休）／ 67p、map62p
サンバレー	04992-7-0149 ／新島村式根島 4 ／ 9 ～ 15 時（早く閉店の場合あり）／無休／ 69p、map62p
地鉈温泉	04992-7-0170（式根島観光協会）／入浴自由／ 66p、map63p
てらぴ～十治朗	04992-7-0211 ／新島村式根島 281-1 ／素泊まり 4000 円／ 68p、69p、map62p
にいじま漁業協同組合式根島事業所	04992-7-0006 ／新島村式根島 935 ／ 8 時 30 分～ 17 時／無休／ 69p、map62p
ファミリーストアーみやとら	04992-7-0304 ／新島村式根島 283-2 ／ 8 時 30 分～ 19 時／日曜休（不定期）／ 65p、map62p
松が下雅湯	04992-7-0170（式根島観光協会）／入浴自由／ 67p、map63p

神津島

神津島観光協会
04992-8-0321 ／神津島村 37-2

赤崎遊歩道	04992-8-0321（神津島観光協会）／見学自由／ 73p、map70p
郷土資料館	04992-8-0947 ／神津島村 118 ／ 9 ～ 16 時／月曜休（祝日の場合は翌日休）／ 72p、map71p
神津島温泉保養センター	04992-8-1376 ／神津島村錆崎 1-1 ／ 10 ～ 21 時／水曜休（夏期・GW・年末年始は無休）／ p73、map70p
ティースペースだいじんこ	04992-8-1763 ／神津島村鴎穴 32 ／ 10 ～ 16 時（8 月は～ 17 時）／木曜休（祝日の場合は営業、8 月は無休）／ 75p、map70p
天上山	04992-8-0321（神津島観光協会）／見学自由／ 75p、map70p
よっちゃーれセンター	04992-8-1342 ／神津島村 37-2 ／海産物加工販売所 9 ～ 17 時（10 ～ 3 月は～ 16 時）、海鮮料理レストラン 11 ～ 14 時（7・8 月は～ 15 時）／火曜休（7・8 月、年末年始は営業）／ 72p、map71p

三宅島

三宅島観光協会
04994-5-1144 ／三宅村阿古 680-3

阿古小・中学校 溶岩埋没跡	04994-5-1144（三宅島観光協会）／三宅村阿古／見学自由／ 82p、map81p
岡太楼本舗	04994-2-0051 ／三宅村神着 1168 ／ 8 〜 17 時／無休／ 85p、map80p
釜の尻海水浴場	04994-5-1144（三宅島観光協会）／三宅村神着／見学自由／ 84p、map80p
椎取神社	04994-5-1144（三宅島観光協会）／三宅村神着／見学自由／ 82p、map80p
清漁水産	04994-2-0314 ／三宅村神着 1118 ／ 8 〜 18 時／無休／ 76p
Diving Team 海猿隊	04994-6-0256 ／三宅島三宅村坪田 2853-1 ／体験ダイビング 1 万 3000 円（器材レンタル込み）／ p84、map80p
築穴製菓	04994-6-0316 ／ 85p、map80p
坪田高濃度地区	04994-5-1144（三宅島観光協会）／三宅村坪田／ 82p、map80p
とんとん	04994-2-1777 ／三宅島三宅村神着 996 ／ 11 〜 14 時、18 〜 22 時／木曜休／ 85p、map80p
和〜nagomi〜	04994-5-1425 ／三宅島三宅村阿古 700-49 ／素泊まり 7500 円〜／ 83p、map81p
西野農園	04994-2-0947 ／三宅村伊豆 768-2 ／時間は要事前 TEL ／無休／ 77p
迷子椎	04994-5-1144（三宅島観光協会）／三宅村坪田／見学自由／ 85p、map81p
牧場跡	04994-5-1144（三宅島観光協会）／三宅村／見学自由／ 83p、map81p

御蔵島

みくらしま観光案内所
04994-8-2022 ／御蔵島村

camburi	04994-8-2071 ／御蔵島村／カフェ 11 〜 15 時、居酒屋 17 〜 23 時（L.O22 時 30 分）／水曜休（カフェは水・木曜休）／ 91p、map87p
広栄丸	04994-8-2405（宿まるい）／イルカウォッチング 7000 円／午前・午後の 1 日 2 回出港／ 4 月末〜 11 月上旬頃営業（期間中無休、荒天などの場合は休業あり）／ 88p、89p
スペシャルオレンジ	04994-8-2070・090-3519-2383 ／御蔵島村／ナイトツアー 2500 円／ 90p
美美庵	04994-8-2108 ／御蔵島村下里／ 11 〜 14 時／ 4 月中旬〜 11 月上旬のみ営業、期間中火曜休／ p89、map87p
宿まるい	04994-8-2405 ／御蔵島村 528 ／ 1 泊 2 食付 9500 円／ 90p、map87p
やまや	04994-8-2157 ／御蔵島村 27 ／ 11 〜 14 時、16 時〜 19 時 30 分頃（夜の部は当日 14 時までに事前予約）／木曜休／ 89p、map87p

八丈島

八丈島観光協会
04996-2-1377 ／八丈町大賀郷 2345-1

藍ヶ江水産	04996-2-2745 ／八丈町大賀郷 2598-2 ／見学は要事前予約／ 76p
East Side 茶屋	04996-2-4758 ／八丈町三根 892-2 ／ 17 時 30 分〜 24 時／火曜休／ 99p、map94p
居酒屋おおわき	04996-2-1234 ／八丈町大賀郷 2230-1 ／ 17 〜 21 時／日曜・祝日休／ 101p、map95p
いそざきえん	04996-7-0041 ／八丈町樫立 347 ／ 11 時〜 14 時 30 分（夜は 15 時までに要予約）／不定休／ 100p、101p、map92p
えこ・あぐりまーと	04996-7-1808 ／八丈町中之郷 3201-2 ／ 10 〜 16 時／無休／ 77p、map92p
黄八丈めゆ工房	04996-7-0411 ／八丈町中之郷 2542 ／ 9 〜 17 時／無休／ 101p、map92p
銀河荘 ~Galaxy Guest House~	090-7940-3442 ／八丈町大賀郷 4783 ／素泊まり 4000 円／ 99p、map93p
空間舎	04996-2-4154 ／八丈町大賀郷 8144-1 ／ 13 〜 18 時／金曜休（8 月中は無休）／ 103p、map93p

厨	04996-2-3047／八丈町三根 207-3／11〜15 時、17〜21 時（夏期のみ）／日曜休／97p、map94p
古民家喫茶中之郷	04996-7-0502／八丈町中之郷 1642-1／10〜17 時／木曜休／102p、map92p
スーパーあさぬま	04996-2-3113／八丈町大賀郷 2370-1／9〜20 時／無休／98p、map95p
玉石垣の道	04996-2-1377（八丈島観光協会）／八丈町大賀郷／見学自由／96p、map95p
八丈島歴史民俗資料館	04996-2-3105／八丈町大賀郷 1186／9 時〜16 時 30 分／無休／入館 360 円／96p、map95p
服部屋敷跡	04996-2-1377（八丈島観光協会）／八丈町樫立 2010／8〜16 時／入館無料／100p、map92p
やすらぎの湯	04996-7-0779／八丈町中之郷 1442／10〜21 時（入場 20 時 30 分）／木曜休（祝日の場合は営業）／入浴 300 円／98p、map92p
YAMADAYA	04996-2-1161／八丈町三根 1952-1／9〜19 時／無休／97p、map94p

青ヶ島

青ヶ島村役場
04996-9-0111／青ヶ島村無番地

青ヶ島村製塩事業所	04996-9-0241／青ヶ島村無番地／営業時間は要問合せ／無休／110p、map104p ※役場でも購入可
青ヶ島村ふれあいサウナ	04996-9-0111（青ヶ島村役場）／16〜20 時（入場は 19 時まで、土・日曜、祝日は 14 時〜）／水曜・毎月最終火曜休／入浴 300 円／110p、map104p
あじさい荘	04996-9-0158／青ヶ島村無番地／1 泊 3 食付 8500 円〜／108p、map105p
池之沢	04996-9-0111（青ヶ島村役場）／青ヶ島無番地／見学自由／109p、map104p
大凸部	04996-9-0111（青ヶ島村役場）／青ヶ島村無番地／見学自由／108p、map104p
三宝港	04996-9-0111（青ヶ島村役場）／青ヶ島村無番地／見学自由／107p、map104p
十一屋酒店（青ヶ島整備工場）	04996-9-0135（十一屋酒店）／青ヶ島村無番地／8〜20 時／無休／111p、map105p
マツミ荘(島だれ)	04996-9-0162／青ヶ島村無番地／111p、map105p
丸山	04996-9-0111（青ヶ島村役場）／青ヶ島村無番地／見学自由／109p、map104p
民宿　杉の沢	04996-9-0137／青ヶ島村無番地／1 泊 3 食付 7800 円〜／107p、map105p

その他

伊豆諸島開発	03-3455-3090（8 時 30 分〜17 時 30 分。土・日曜、祝日休）／14p、32p、106p
小笠原海運	03-3451-5171（9 時〜17 時 30 分。土・日曜、祝日休）／12p、13p
新中央航空	0422-31-4191（調布）・04992-2-1651（大島）・04992-5-0180（新島）・04992-8-1116（神津島）／49p
全日空(ANA)	0570-029-222（国内線予約・案内センター）
東海汽船	03-5472-9999（9 時 30 分〜20 時。無休）／38p、39p
東京愛らんど（竹芝桟橋）	03-5472-6559／港区海岸 1-16-1／7 時 30 分〜22 時／無休／112p、map3p
TOKYO SHIMA CAFE（竹芝桟橋）	03-5472-6559／港区海岸 1-16-1／7 時 30 分〜22 時／無休／112p、map3p
東邦航空	04996-2-5222（予約センター。9〜16 時。日曜休）／111p

「おもうわよ」

春、別れの季節。
青ヶ島のヘリポートに掲げられる横断幕に書かれている言葉。
「さようなら」の意味だけど
「離れていても、あなたのコトをずっと思っているわよ」
と、いう気持ちが込められた言葉。

昔も今も、船＆ヘリの就航率が低い絶海の孤島・青ヶ島。
気軽に行き来できる島じゃないからこそ
今もなお、使われている言葉「おもうわよ」。

今回でかけた島々は
「おもうわよ」と同じように
昔から変わらず残されているもの
手つかずのものがあふれていました。

小笠原の、あおいあおいボニンブルーの海。
そこに毎年やってくる、ザトウクジラたち。
大島の昔ながらの製法で作られている椿油。
式根島の海岸から湧き出る温泉。
今も噴出している三宅島の火山ガス。
御蔵島の海にはイルカが住み着き、森には巨木が……etc.

それらが、あたりまえに存在する　島の生活。

何に追われるわけでもなく、ゆっくり過ぎる島時間が
とっても　ここちよくて…
何度も、島に住みたいなーと、思わずには　いられなかった。

いつか、いきなり、移住してるかも…（笑）

『ちょこ旅』3作目となりました。
アスペクトの野田さん、風来堂のみなさん、デザイナーの川名さん、国井さん、
島で松島に出逢ってくださった方、制作に関わってくださった　すべての方々、
そして、読んでくださっている　みなさんの　おかげです。
心から感謝感謝で　ございます。

さて、今日は海も凪ってるようなので
ちょっくら船に乗って　出かけてこようかな？

でわでわ、みなさん、島でお会いしませう♡

松島　むう

松鳥むう (まつとり むう)

1977年滋賀県生まれ。元精神科看護師。現在、ちょこちょこ動くイラストレーター。『島へ。』(海風舎)での連載ほか、旅・看護・保育系の雑誌を中心に活躍中。著書に、『ちょこ旅 京都』、『ちょこ旅 沖縄+離島』(いずれもアスペクト)がある。20歳の時、初めて自分で計画し屋久島に旅行したのがきっかけで島旅好きに。2006年に初めて小笠原を訪れる。見たこともない深く青い海の色に驚き、生まれて初めて海に顔をつけ、シュノーケルデビュー(本人、かなりのカナヅチ)。その後、調子に乗ってダイビングにも手を出す(なぜかライセンス取れちゃった)。島で、いろんな人と出会って話すコトが大好き！「いつか、気に入った島に住みたいな〜」と、ひそかに夢見中!?

松鳥むうHP
http://www.h2.dion.ne.jp/~muu.m/

ブックデザイン
川名 潤 (Pri Graphics inc.)

構成・編集
(株)風来堂 (大口直人／稲垣ユカ／加藤桐子／今田 壮)
ホームページ http://furaido.net/

DTP
国井 潤

Special Thanks
横田真弓／鮎川家のみなさま

JASRAC 出1007875-001

楽曲名：ああ人生に涙あり
作詞者名：山上路夫
作曲者名：木下忠司

楽曲名：森のくまさん
作詞者名：馬場祥弘
作曲者名：アメリカ民謡

楽曲名：いい日旅立ち
作詞者名：谷村新司
作曲者名：谷村新司

p92「ドン・ガバチョ」
ⓒ井上ひさし／山元護久・ひとみ座・NEP
キャラクターデザイン　片岡 昌

ちょこ旅
小笠原&伊豆諸島
東京の島で ぷち冒険

2010年7月23日　第1版 第1刷発行

著　者　松鳥むう
発行人　高比良公成
発行所　株式会社アスペクト
　　　〒101-0054 東京都千代田区神田錦町3-18-3 錦三ビル3F
　　　電話 03-5281-2551　FAX 03-5281-2552
　　　ホームページ http://www.aspect.co.jp
印刷所　株式会社精興社

本書の無断複写・複製・転載を禁じます。
落丁本、乱丁本は、お手数ですが弊社営業部までお送りください。
送料弊社負担にてお取り替えいたします。
本書に対するお問い合わせは、郵便、FAX、
またはEメール：info@aspect.co.jpにてお願いいたします。
定価はカバーに表示してあります。

ⓒMuu Matsutori 2010 Printed in Japan
ISBN978-4-7572-1810-9

コバンザメ
む…
むなしそう…